BRETT UND STEIN
VERLAG

GUNNAR DICKFELD

TOCCA AL NERO
ESERCIZIARIO DI GO

25 KYU - 20 KYU

BRETT UND STEIN
VERLAG

La Deutsche Nationalbibliothek registra questa pubblicazione nella Deutsche Nationalbibliographie.
I dati bibliografici dettagliati sono disponibili sul sito internet http://dnb.d-nb.de

ISBN 978-3-940563-59-0

© 2015, Brett und Stein Verlag, Gunnar Dickfeld, Frankfurt a.M.

Disegno in copertina: HAMMERGEIGEROT
Stampa: Books on Demand GmbH, Norderstedt

(smartgo)®   I diagrammi presenti in questo libro sono stati elaborati
             con SmartGo™: http://www.smartgo.com

Printed in Germany

Prefazione

Il Go è un gioco da tavolo strategico di origine asiatica che affascina ed entusiasma gli uomini da 4000 anni. È considerato uno strumento utile per lo sviluppo della nostra capacità creativa.

Nonostante questo gioco sia ritenuto molto complesso e misterioso, le sue regole sono molto semplici ed è più facile degli scacchi: per imparare le regole di base bastano solo pochi minuti. Anche i bambini possono quindi divertirsi con partite emozionanti. La libertà d'azione, garantita dalle poche regole e dalle poche restrizioni, permette innumerevoli posizioni e combinazioni di gioco.

Questo libro si rivolge a coloro che hanno già avuto esperienze di gioco sul Goban 9x9 e che vogliono ora imparare di più sulle tecniche di gioco.

Gli esercizi presentano nuove forme e tecniche che vi aiuteranno a riconoscere meglio le relazioni e le dipendenze delle singole pietre tra di loro. Il confronto tra queste tecniche vi permetterà di migliorare il vostro gioco.

Vedrete come riuscirete non solo a migliorare la comprensione del gioco con grande divertimento, ma anche a sorprendere i vostri amici e compagni di gioco con nuove e abili mosse!

Gunnar Dickfeld

Contenuto

Atari	7
Scala	13
Rete	19
Semeai	25
Mancanza di libertà	31
Tesuji: lancio	37
Trappola per topi	43
Dividere e connettere	49
Vita	55
Morte	61
Seki	67
Ripasso	73
Fine della partita	79
Soluzioni	85
Glossario	111

Atari

Le posizioni in Atari hanno nel gioco del Go
notevole importanza. Ai principianti non è
sempre chiaro se una mossa sia permessa
o meno. Questo aspetto deve essere in
entrata ancora una volta approfondito.

Tocca al Nero: potete giocare in A?

1

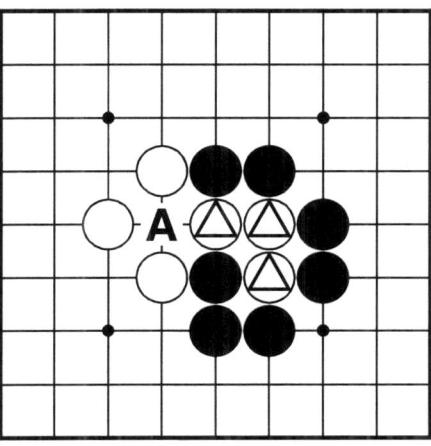

Nero.

La mossa 1 del Nero è consentita? È una buona mossa?

2

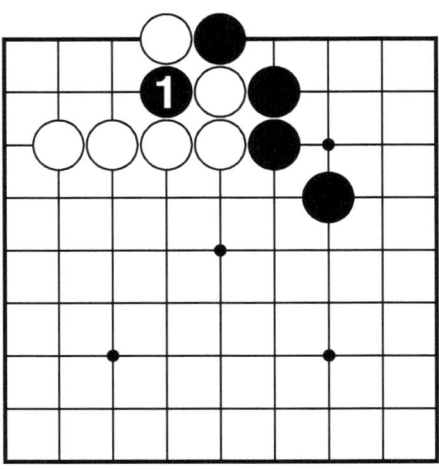

Nero.

Potete giocare la mossa 1?

3

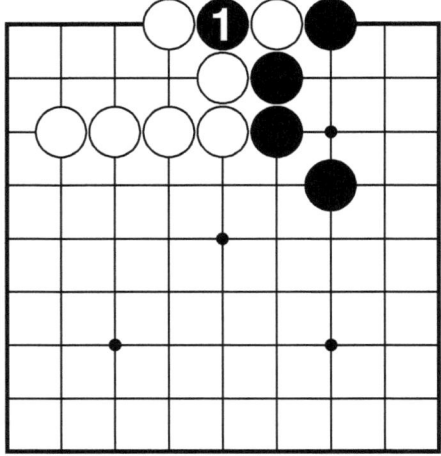

Nero.

Potete giocare la mossa 1? È una buona mossa?

4

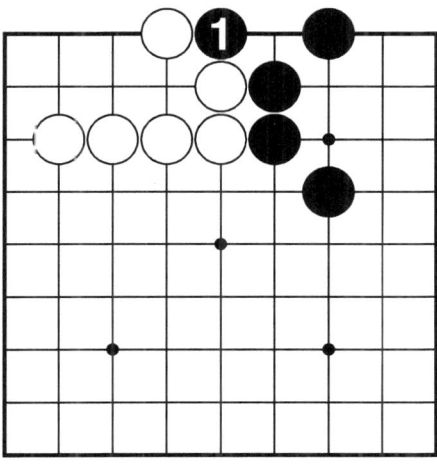

Nero.

Nel caso di Nero 1, si tratta di una mossa buona e consentita?

5

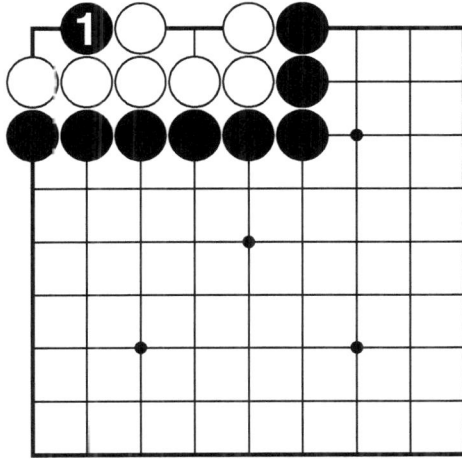

Nero.

La mossa 1 del Nero è consentita?

6

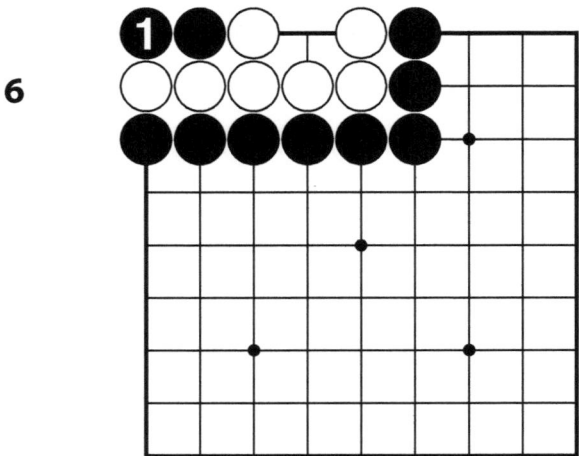

Nero.

Potete giocare la mossa 1?

7

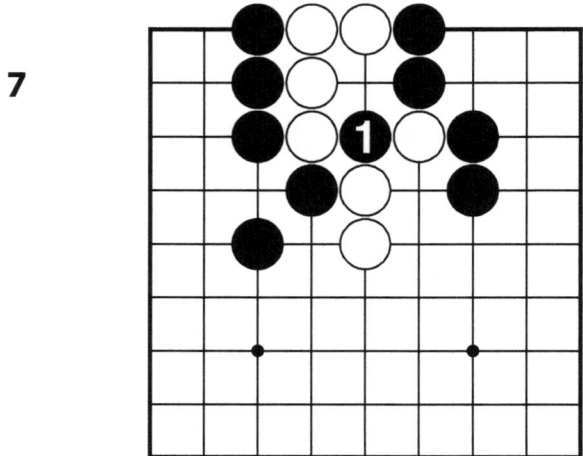

Nero.

Potete giocare la mossa 1?

8

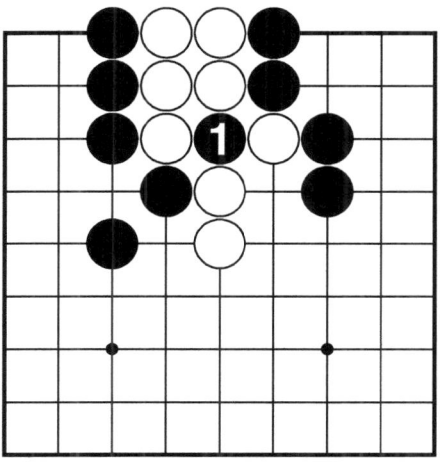

Nero.

La mossa 1 del Nero è consentita?
È una buona mossa?

9

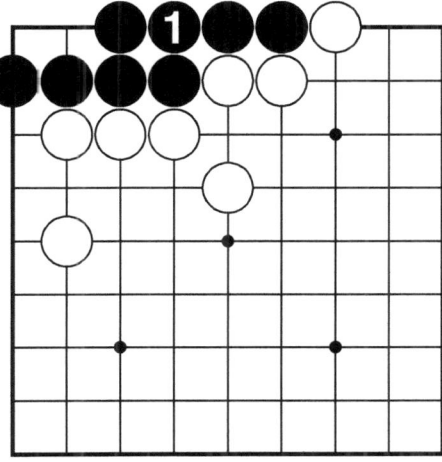

Nero.
Nero 1 è una buona mossa?

10

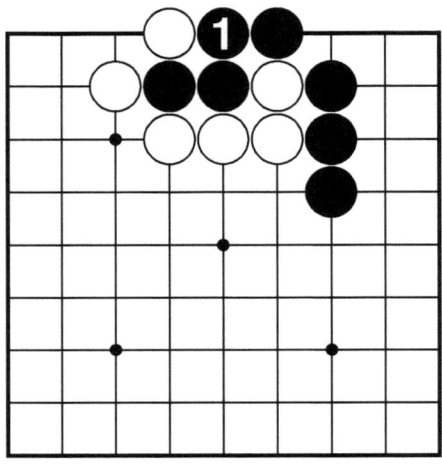

Nero.
Potete fare la mossa 1? è una buona mossa?

11

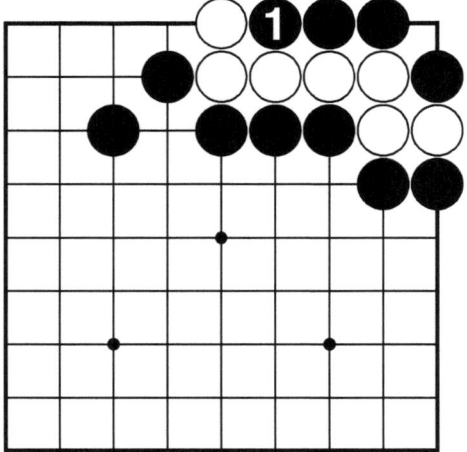

Scala

Se viene giocata una serie di mosse con molti Atari uno dietro l'altro, dai quali il giocatore non può scappare, allora di parla di "scala".

Trovate la giusta serie di mosse per catturare le due pietre nere!

12

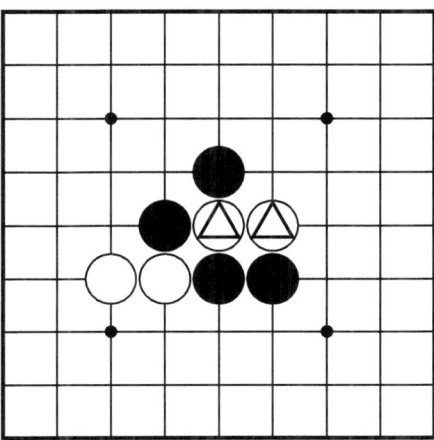

Tocca al Nero.

Giocate una scala, in modo tale da catturare la pietra contrassegnata!

13

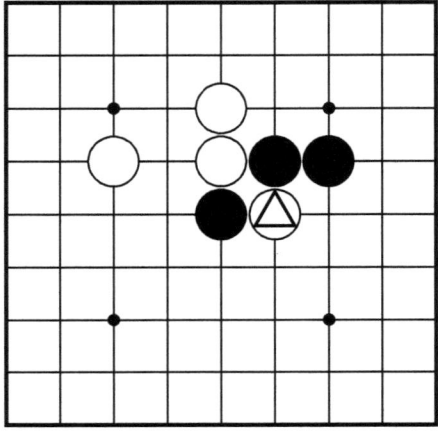

Tocca al Nero.

Come dovete giocare per catturare entrambe le pietre bianche?

14

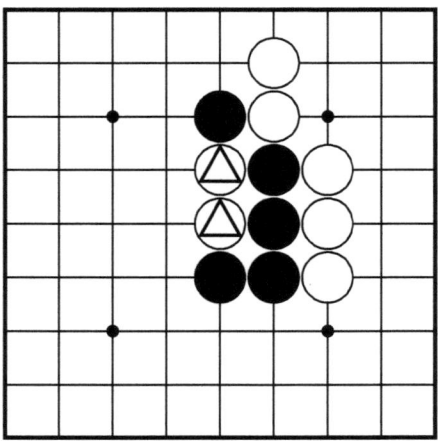

Tocca al Nero.

Giocate una scala in modo tale da catturare le pietre contrassegnate! Da dove dovete iniziare?

15

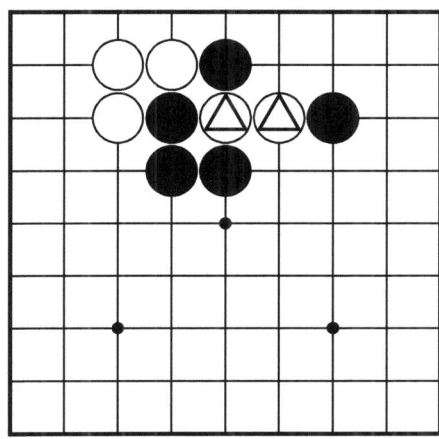

Tocca al Nero.

Bianco ha appena giocato un doppio Atari con la pietra contrassegnata. Come dovete rispondere?

16

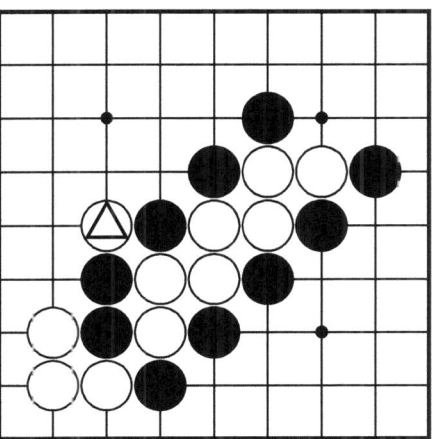

Tocca al Nero.

Come dovete giocare per catturare le pietre bianche contrassegnate?

17

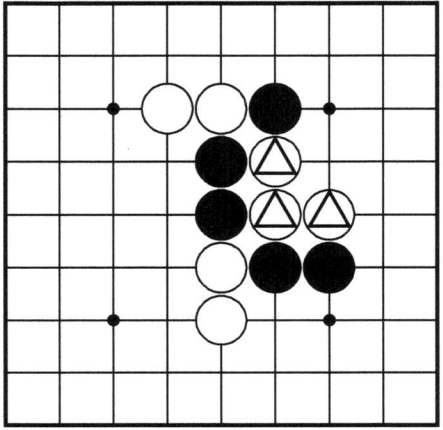

Tocca al Nero.

Catturate la pietra bianca!

18

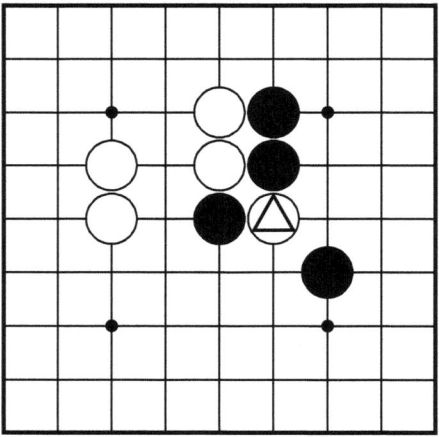

Tocca al Nero.

Catturate due pietre bianche con una scala!

19

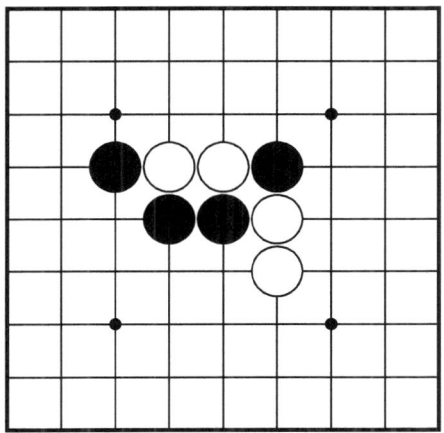

Tocca al Nero.

Potete catturare la pietra contrassegnata.
Come dovete giocare in modo corretto la scala?

20

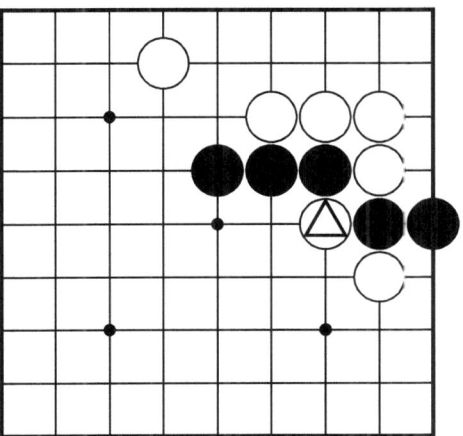

Tocca al Nero.

Con quale serie di mosse potete catturare la pietra contrassegnata?

21

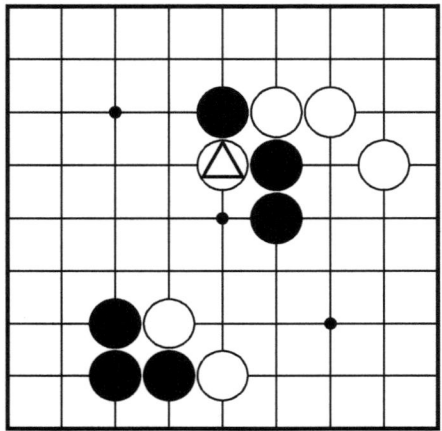

Tocca al Nero.

Giocate una scala per "liberare" la pietra contrassegnata!

22

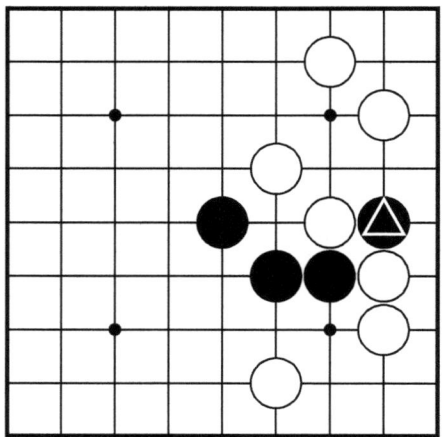

Rete

Non sempre la scala è possibile perché ci possono essere sulla via delle pietre che ne impediscono la formazione. Non potete catturare la pietra contrassegnata con una mossa in A o in B, quindi c'è bisogno di un'altra tecnica.

Gettate una rete, dalla quale la pietra bianca non può più scappare!

23

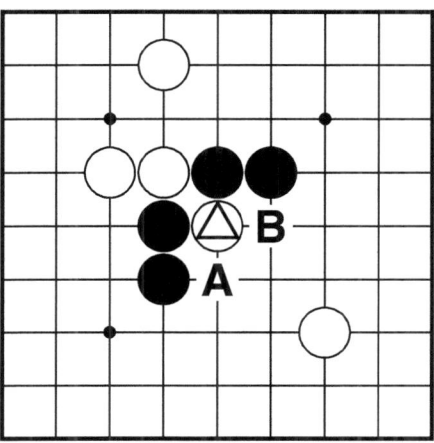

Tocca al Nero...

… e cattura una pietra bianca in una rete!

24

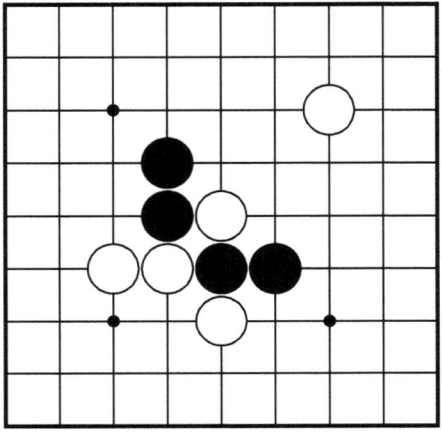

Tocca al Nero...

… e cattura due pietre bianche in una rete!

25

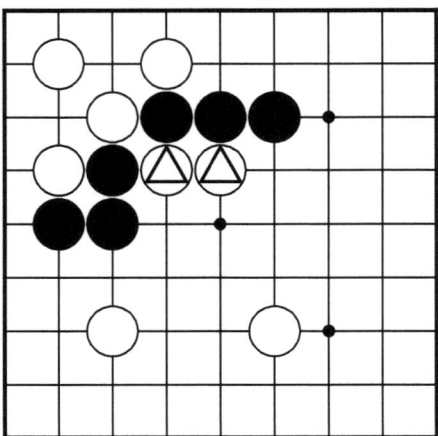

Tocca al Nero.

Come dovete gettare la rete?

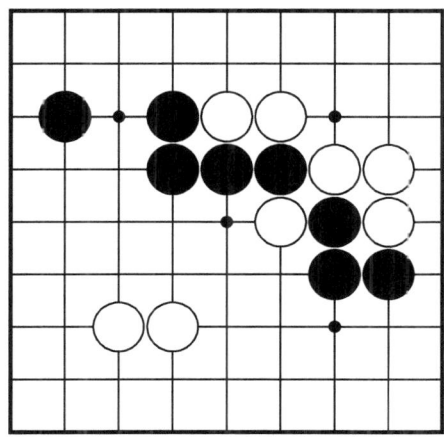

Tocca al Nero.

Dove giocate per catturare le due pietre in una rete?

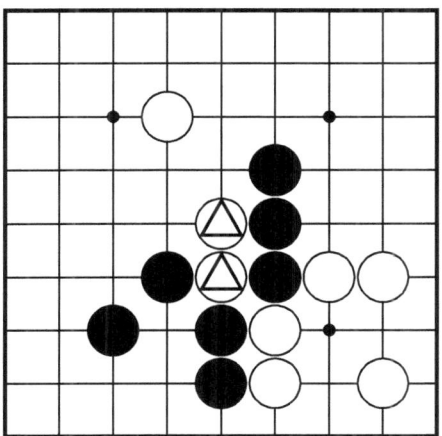

Tocca al Nero...

... e cattura in una rete! Potete giocare subito la rete o dove prima prepararla?

28

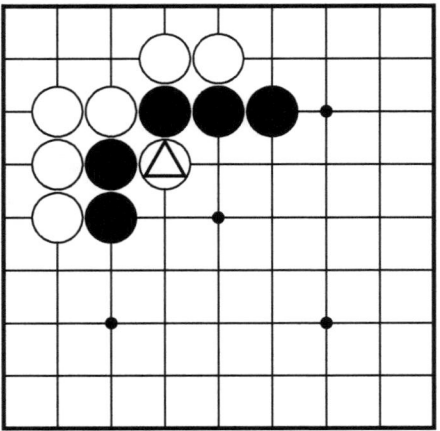

Tocca al Nero.

Come catturate la pietra contrassegnata?
Come preparate la rete?

29

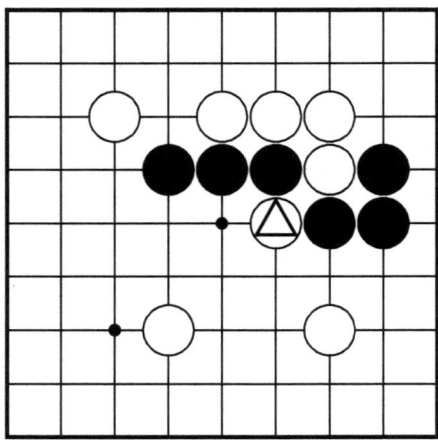

Tocca al Nero...

... e catture le pietre contrassegnate con una rete!

30

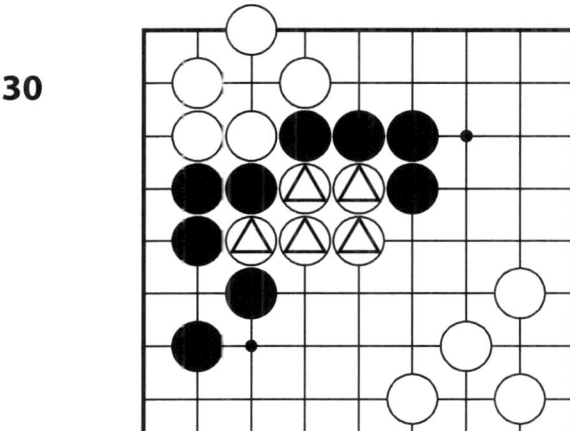

Tocca al Nero...

... e cattura le pietre bianche!

31

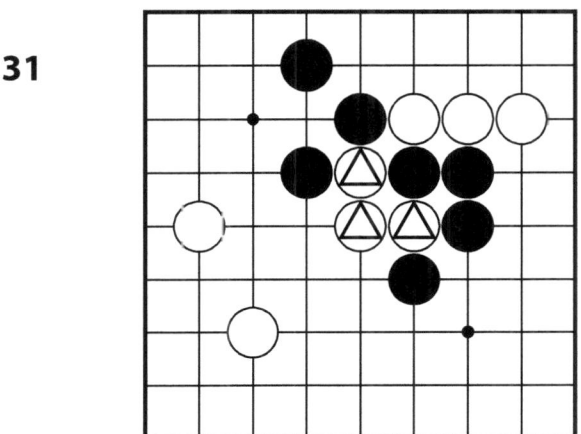

Tocca al Nero...

… e cattura le pietre contrassegnate con una rete!

32

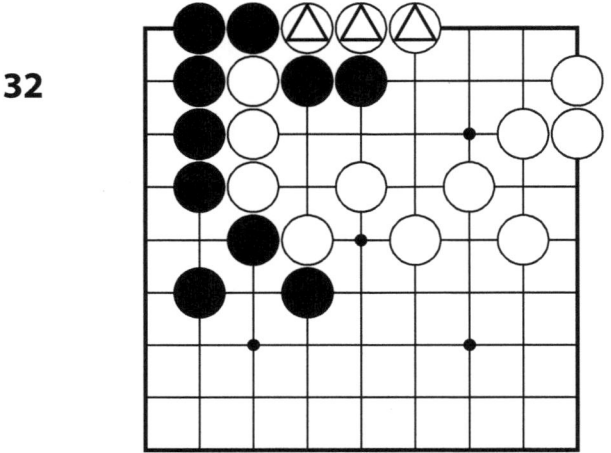

Tocca al Nero...

… e cattura due pietre bianche con una rete!

33

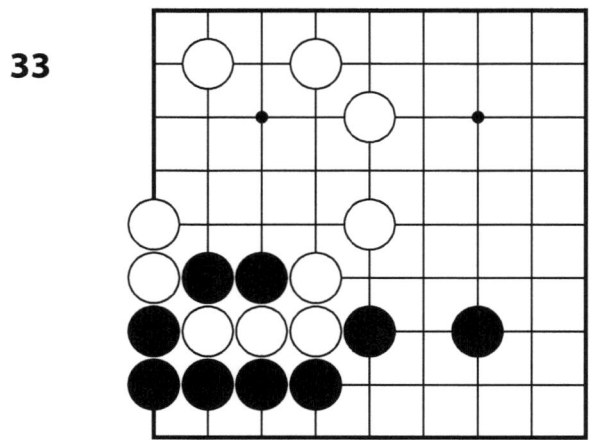

Semeai

Se più gruppi sono divisi l'uno dall'altro, comincia una gara per la vita e per la morte. In un Semeai come questo, le libertà sono decisive. Spesso è cruciale chi fa la prima mossa!

Qui il Nero vince il Semeai con una mossa di vantaggio.

34

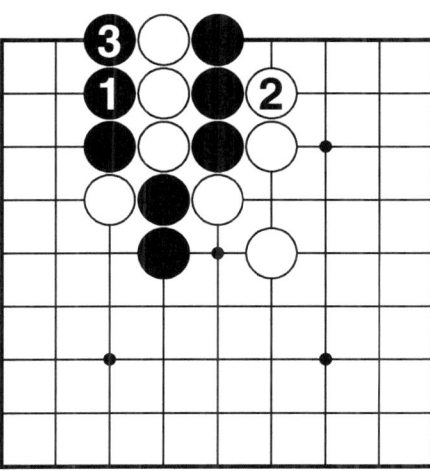

Tocca al Nero...

... e vince il Semeai!

35

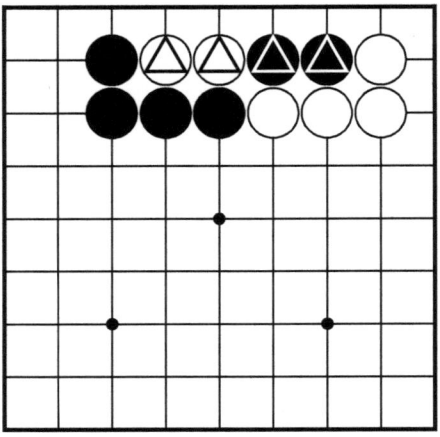

Tocca al Nero.

Come dovete giocare per vincere il Semeai?

36

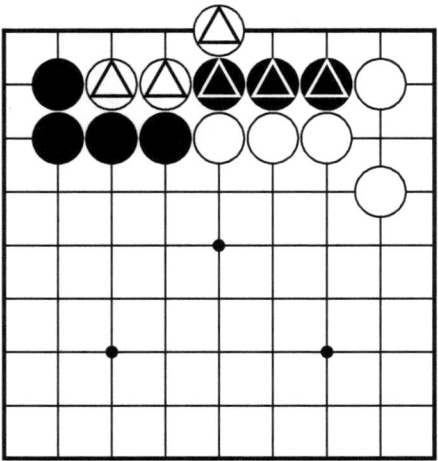

Tocca al Nero.

La pietra nera ha solo due libertà.
Come potete salvarla?

37

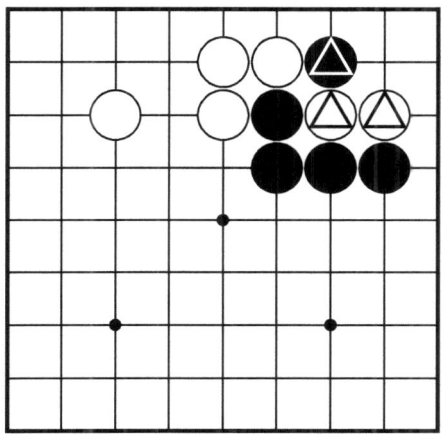

Tocca al Nero.

Le pietre bianche hanno più libertà rispetto alle nere.
Come vincete il Semeai?

38

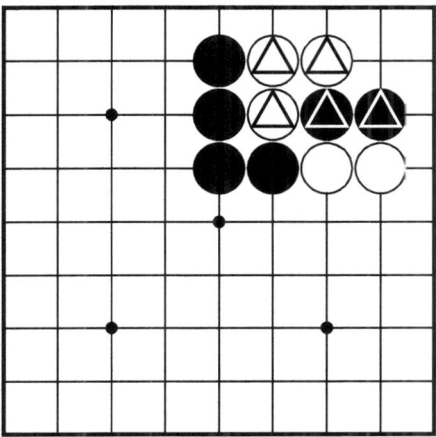

Tocca al Nero...

... e salva le pietre contrassegnate!

39

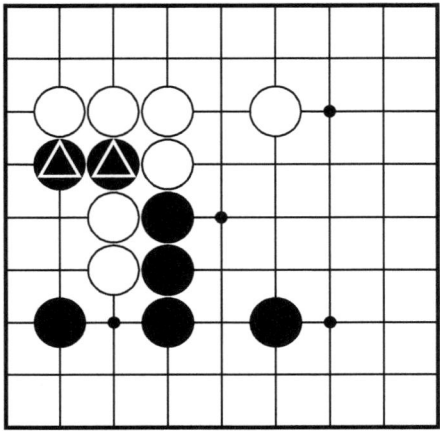

Tocca al Nero.

La situazione sembra molto difficile, ma non senza scampo.
Salvate le due pietre nere!

40

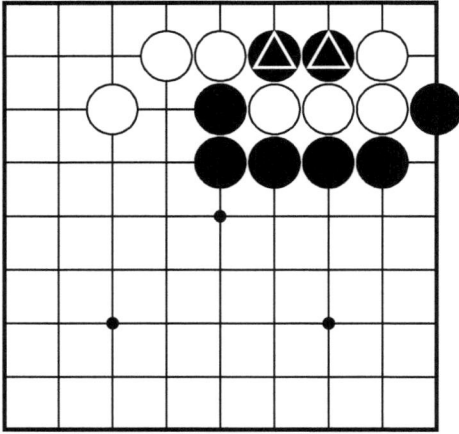

Tocca al Nero...

… e salva le pietre contrassegnate!

41

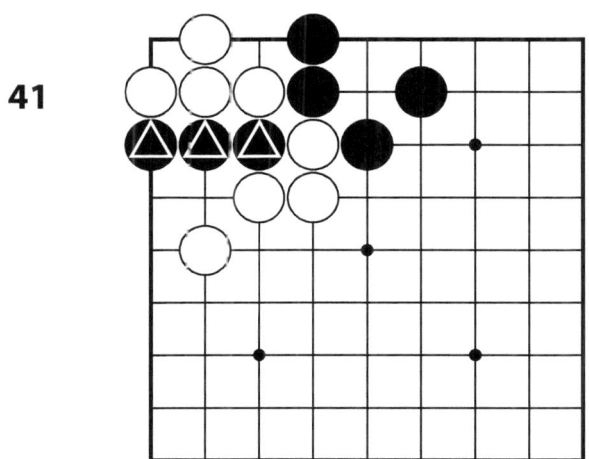

Tocca al Nero.

Salvate le due pietre nere! Come potete agire?

42

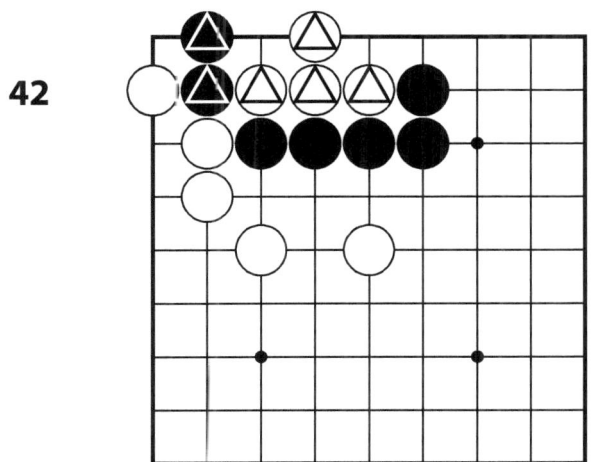

Tocca al Nero...

... e cattura le pietre bianche!

43

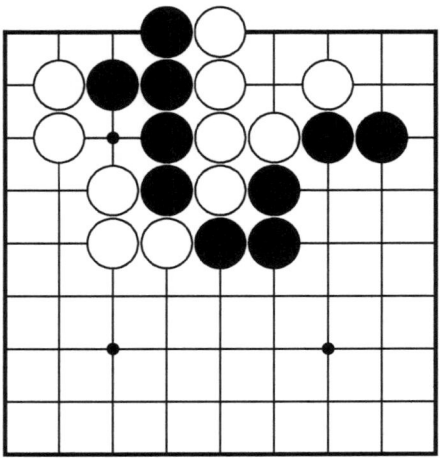

Tocca al Nero.

Tre pietre sono tagliate nell'angolo. Se catturate le quattro pietre bianche, le vostre sono salvate!

44

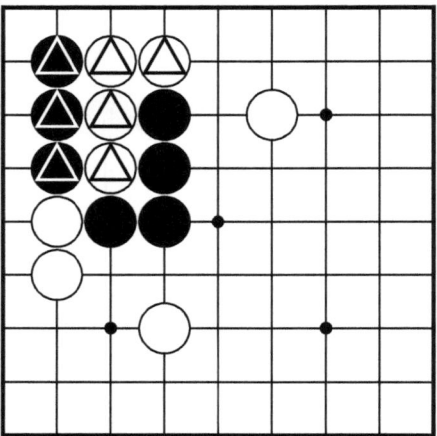

Mancanza di libertà

A volte le pietre avversarie non possono essere catturate con una mossa, ma bisogna prevedere due passi.
Se l'avversario ha poche libertà, allora avrete successo!

Catturate le due pietre bianche!

45

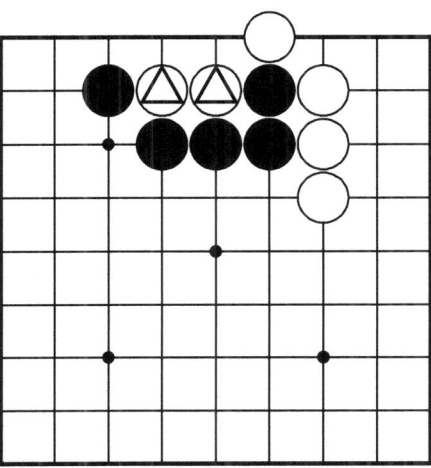

Tocca al Nero.

Sfruttate la mancanza di libertà e catturate delle pietre bianche!

46

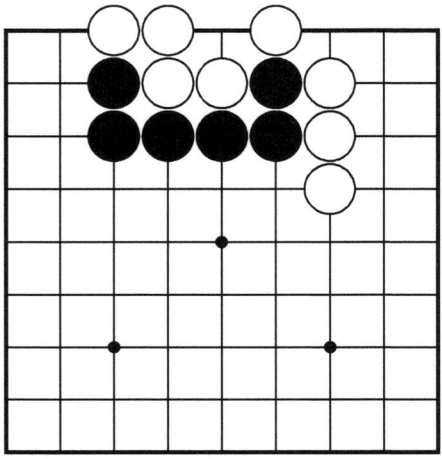

Tocca al Nero.

Dove c'è una mancanza di libertà?

47

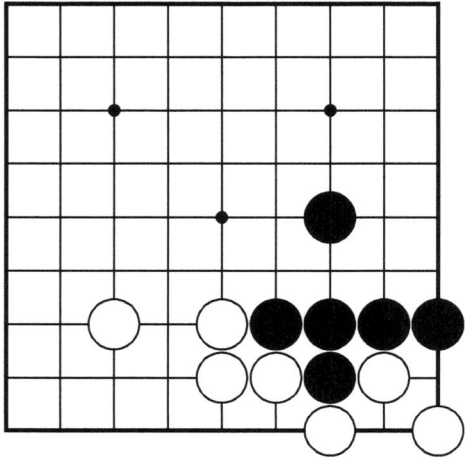

Tocca al Nero.

Sfruttate la mancanza di libertà e catturate delle pietre bianche!

48

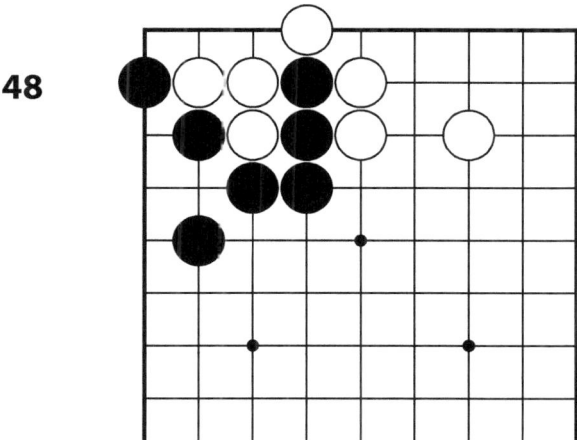

Tocca al Nero.

Sfruttate la mancanza di libertà e catturate delle pietre bianche!

49

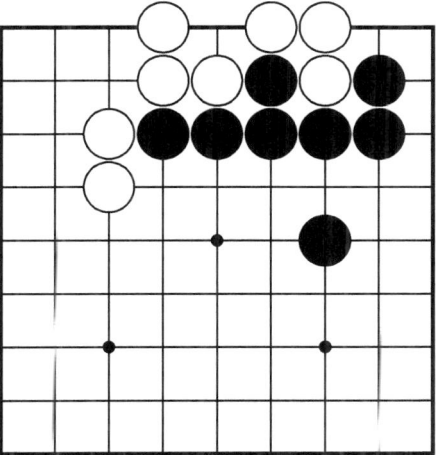

Tocca al Nero.

Come potete catturare delle pietre bianche?

50

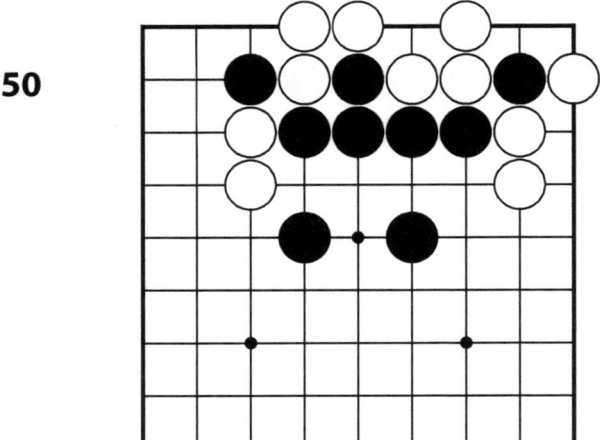

Tocca al Nero.

Dove c'è una mancanza di libertà? Sfruttatela!

51

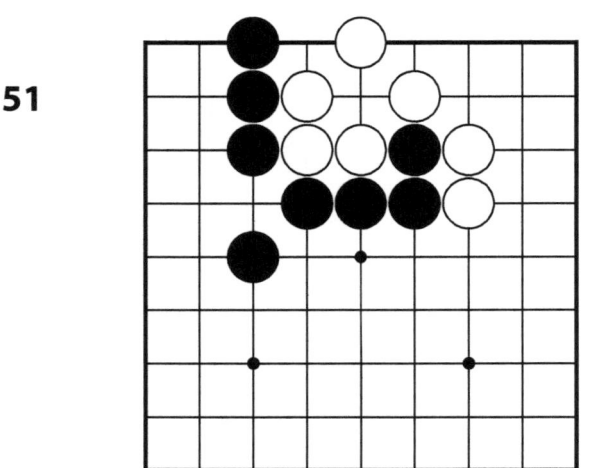

Tocca al Nero...

... e sfrutta la mancanza di libertà del Bianco!

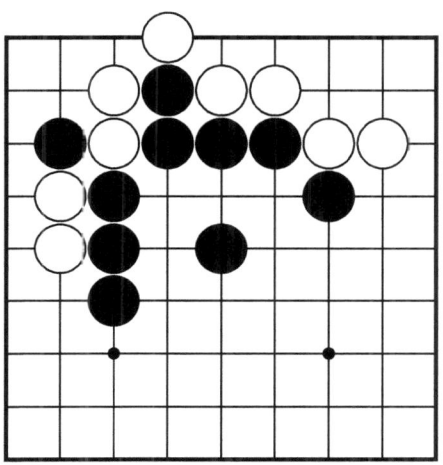

52

Tocca al Nero...

... e cattura pietre bianche!

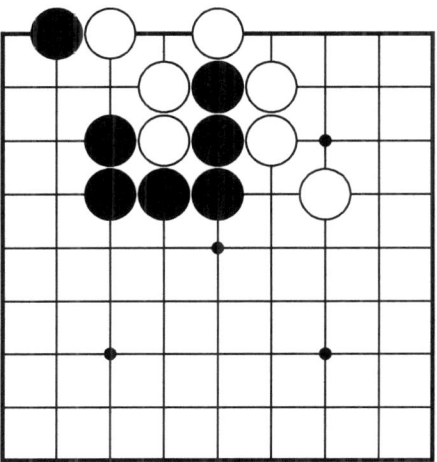

53

Tocca al Nero.

Salvate le due pietre nere sfruttando la mancanza di libertà del Bianco!

54

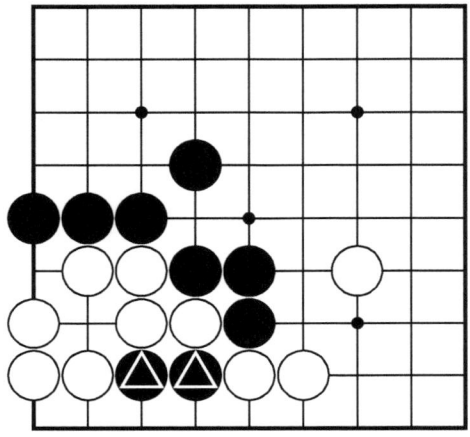

Tocca al Nero...

... e cattura pietre bianche!

55

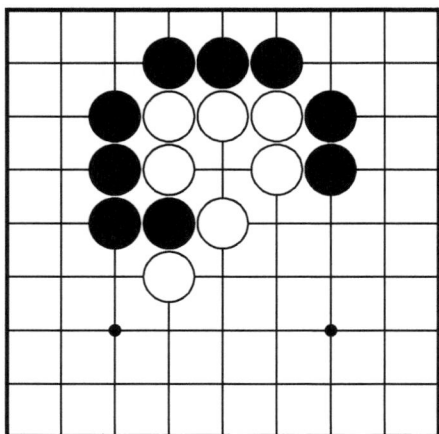

Tesuji: Lancio

Si può anche "aiutare" una mancanza di libertà. Il lancio di una pietra è una mossa abile, un Tesuji.

Come catturate le tre pietre bianche: su A o su B?

56

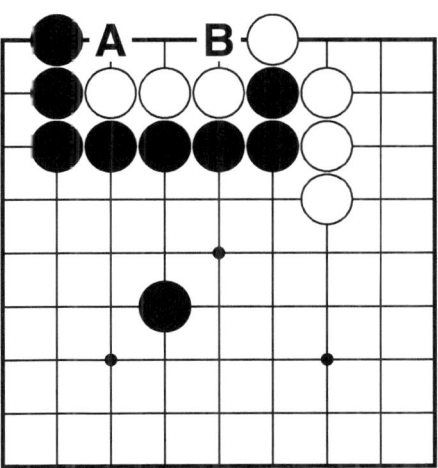

Tocca al Nero.

Lanciate e catturate pietre bianche!

57

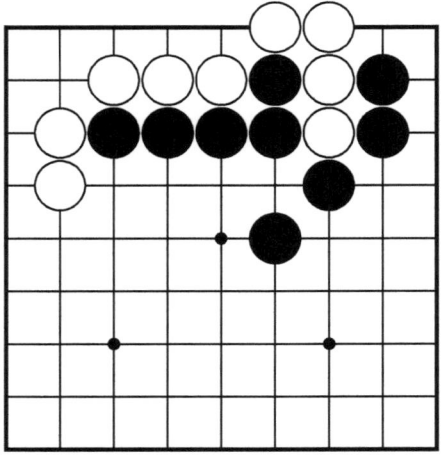

Tocca al Nero.

Catturate una pietra bianca!

58

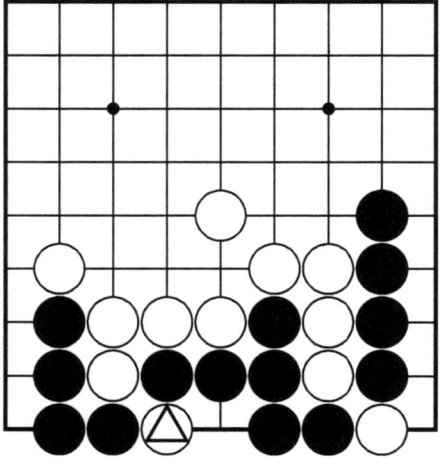

Tocca al Nero.

Lanciate e catturate pietre bianche!

59

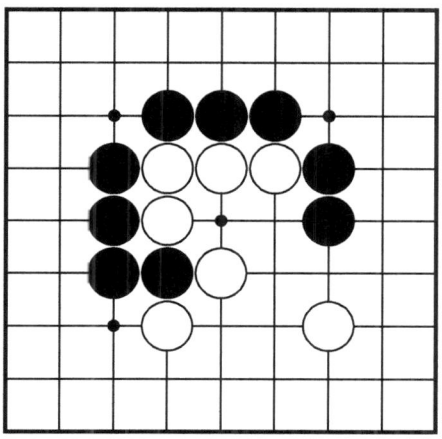

Tocca al Nero...

... e cattura pietre bianche!

60

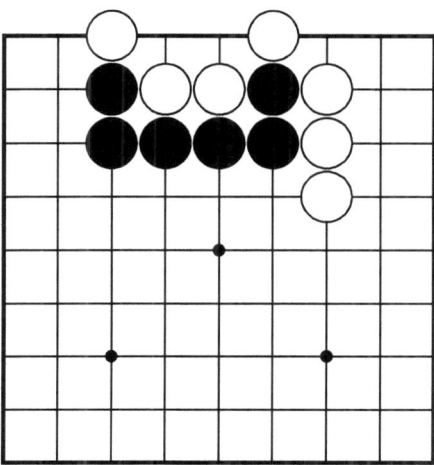

Tocca al Nero.

La posizione vi è sicuramente nota.
Come catturate delle pietre bianche?

61

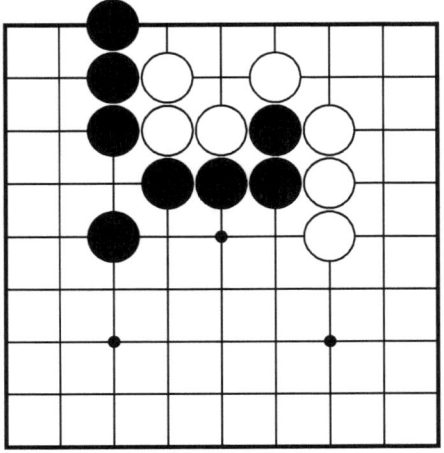

Tocca al Nero.

Le pietre nere hanno solo due libertà.
Vincete questo Semeai!

62

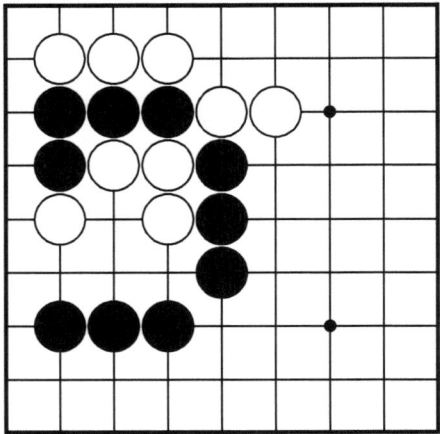

Tocca al Nero.

Il Bianco ha lanciato la pietra contrassegnata.
Come rispondete in modo corretto?

63

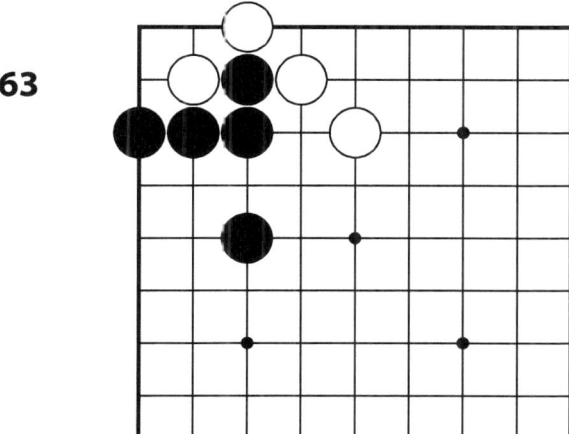

Tocca al Nero.

Il Bianco ha lanciato una pietra. Come rispondete in
modo corretto?

64

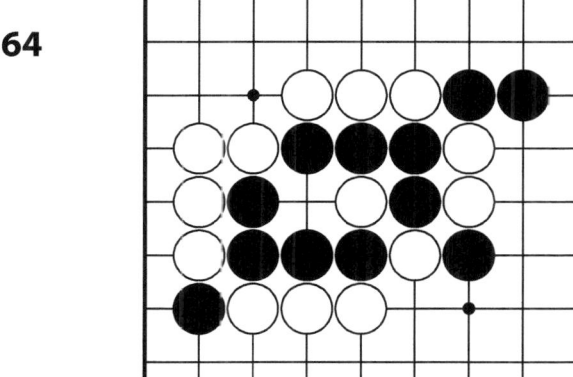

Tocca al Nero.

Come potete catturare le pietre bianche e salvare le vostre tre pietre nel bordo inferiore?

65

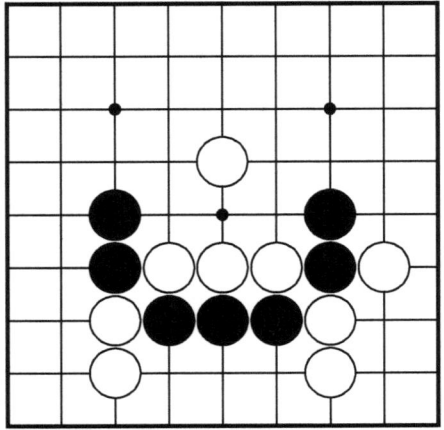

Tocca al Nero.

Come potete salvare le pietre nere?
Dovete prevedere alcune mosse.

66

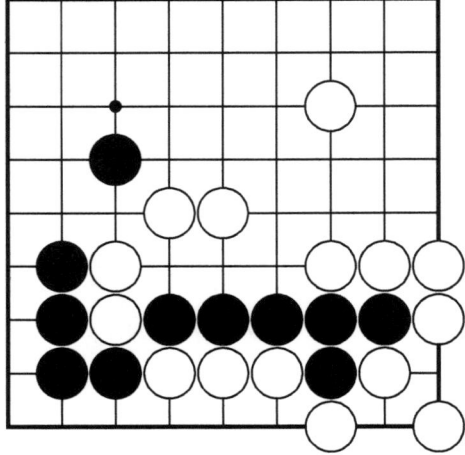

Trappola per topi

Una particolare forma di lancio è la trappola per topi: prima lanciate un pezzo di "formaggio". Se il topo acchiappa il pezzo, allora la trappola scatta! Questo dovrebbe aiutarvi a risolvere i prossimi esercizi.

Catturate due pietre bianche!

67

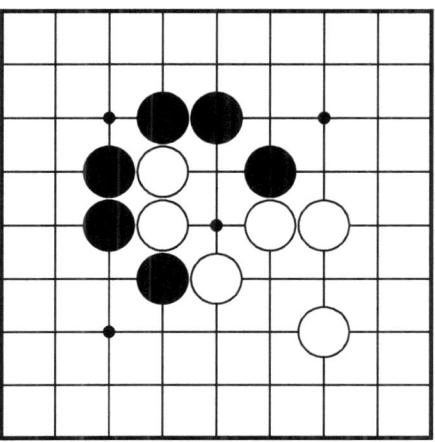

Tocca al Nero.

Trovate le trappole e catturate due pietre bianche!

68

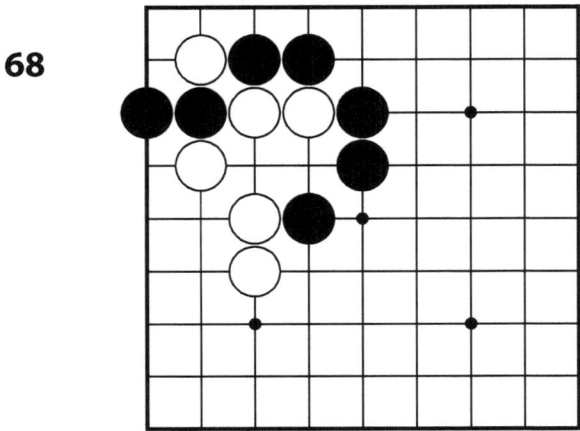

Tocca al Nero...

... e cattura in una trappola tre pietre bianche!

69

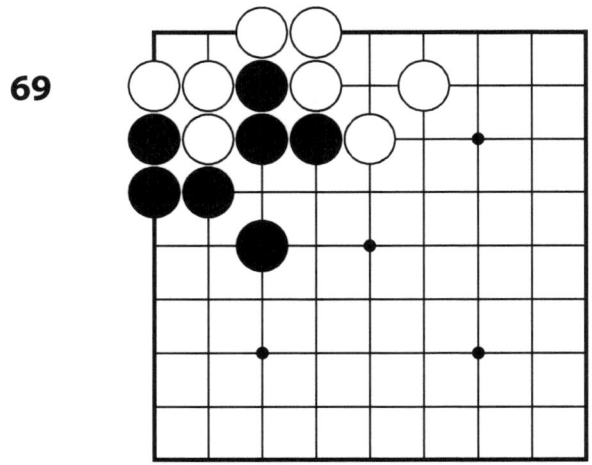

Tocca al Nero...

... e cattura delle pietre bianche!

70

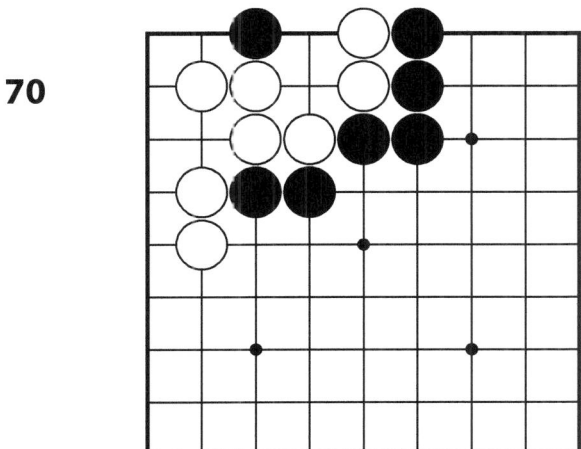

Tocca al Nero.

Catturate delle pietre bianche in una trappola!

71

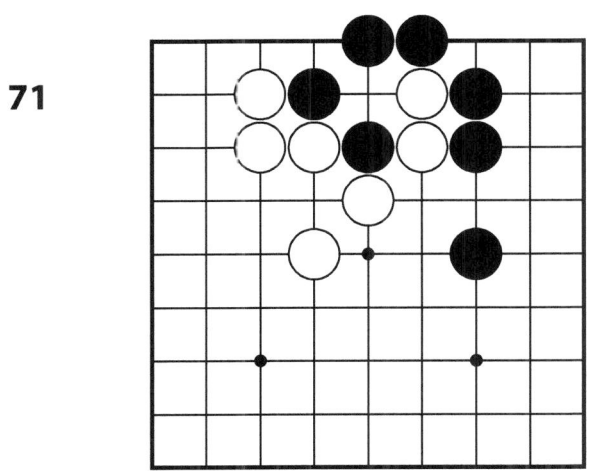

Tocca al Nero.

Catturate delle pietre bianche in una trappola!

72

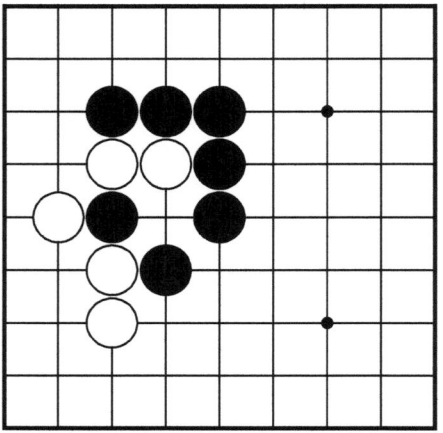

Tocca al Nero.

Catturate le pietre bianche sul bordo!

73

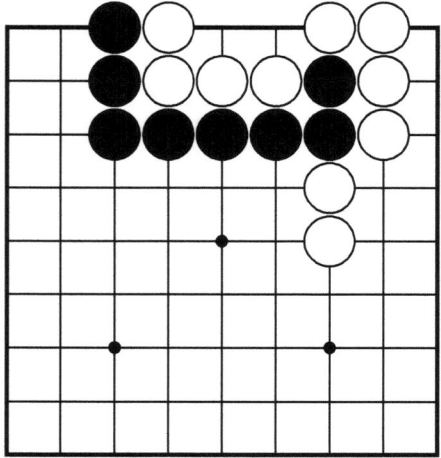

Tocca al Nero...

… e cattura le pietre bianche sul bordo superiore!

74

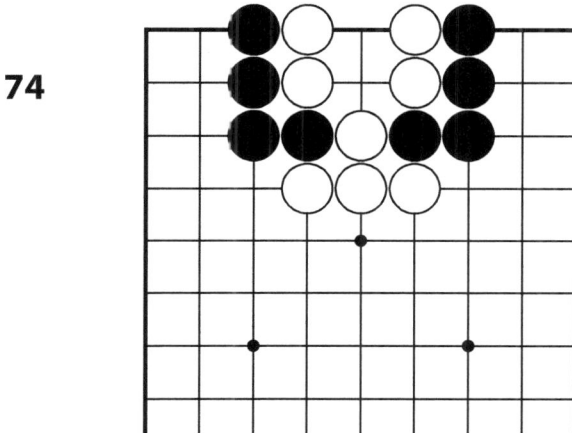

Tocca al Nero...

… e cattura le pietre bianche sul bordo sinistro!

75

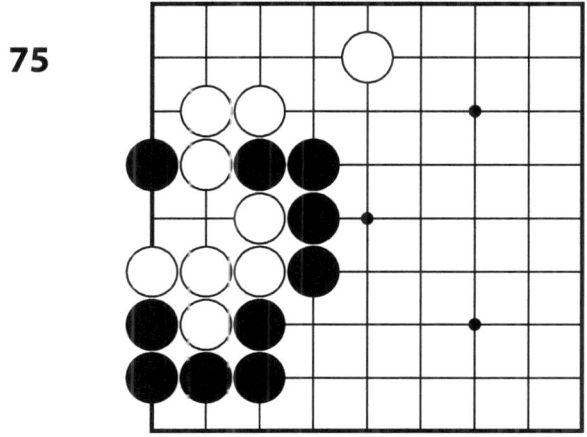

Tocca al Nero...

... e gioca una trappola per topi!

76

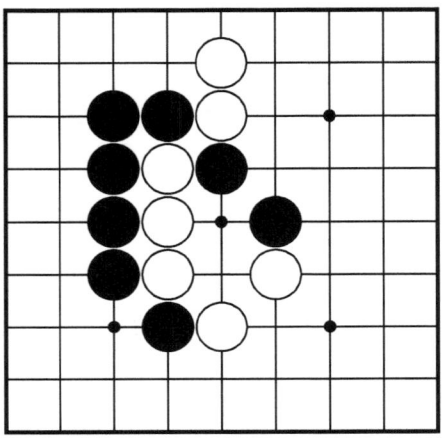

Tocca al Nero...

... e gioca una trappola per topi!

77

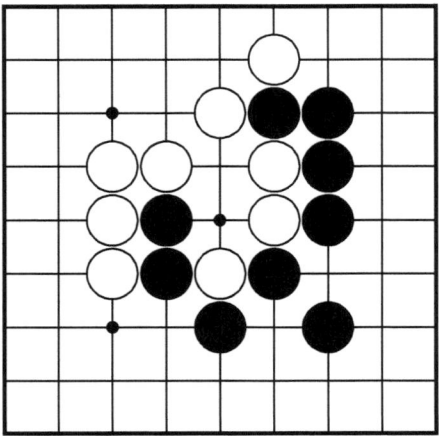

Dividere e connettere

"Divide et impera!" dicevano già i romani.
Anche nel Go la divisione dei gruppi avversari
porta al successo. D'altra parte, bisogna anche
naturalmente connettere i propri gruppi.

Dove potete dividere delle pietre bianche
e allo stesso tempo assicurare le vostre?

78

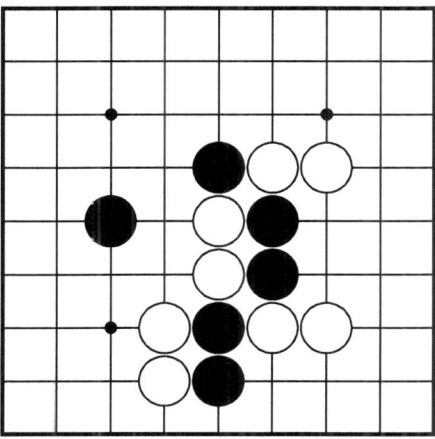

Tocca al Nero...

… e divide delle pietre avversare!

79

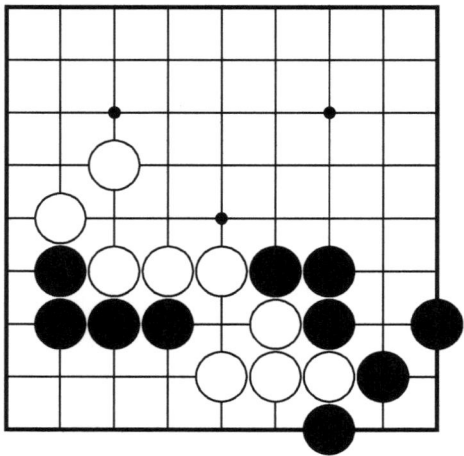

Tocca al Nero.

Il Bianco ha giocato la pietra contrassegnata.
Cosa minaccia? Come potete rispondere?

80

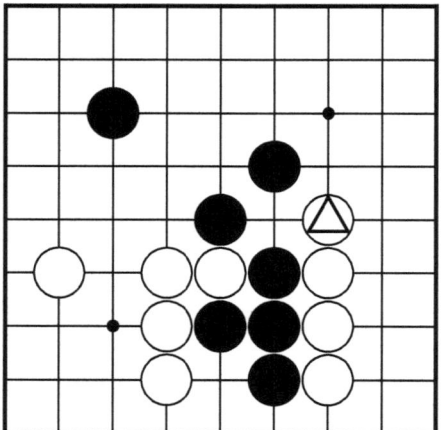

Tocca al Nero.

Nella posizione bianca c'è un punto debole.
Come potete sfruttarlo?

81

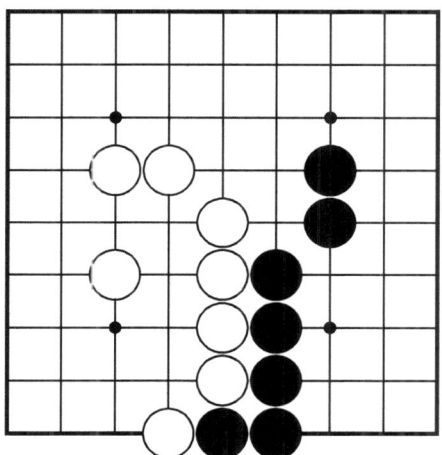

Tocca al Nero...

… e connette i propri gruppi!

82

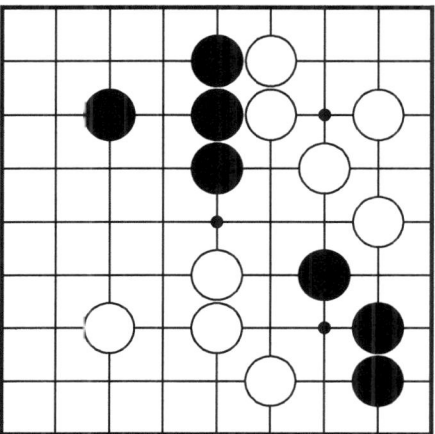

Tocca al Nero.

Come dovete giocare qui?

83

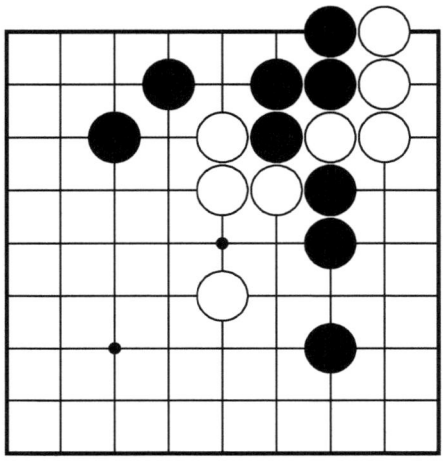

Tocca al Nero...

Le pietre nere sul bordo inferiore sono tagliate.
Come potete salvarle?

84

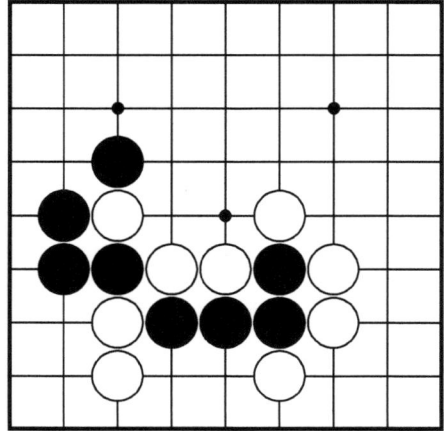

Tocca al Nero.

Le pietre nere sono state divise. Se riuscite a catturare delle pietre bianche, allora le vostre saranno connesse!

85

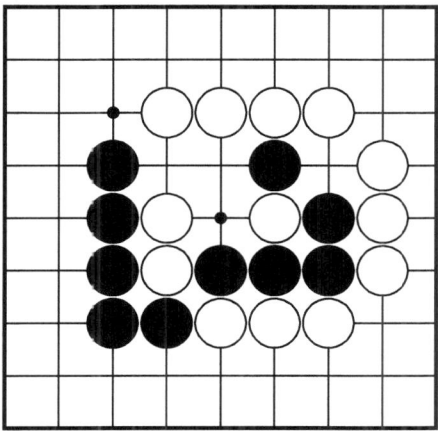

Tocca al Nero.

Le pietre nere sul bordo inferiore rischiano di essere tagliate. Come potete salvarle?

86

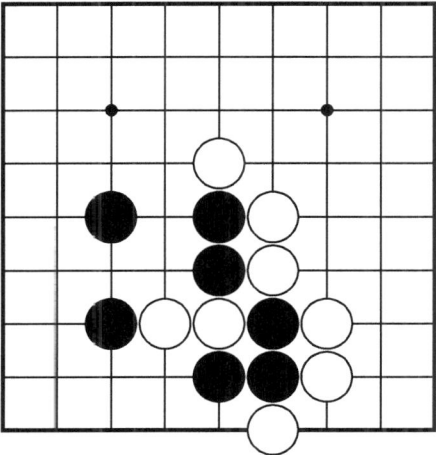

Tocca al Nero.

Come potete connettere le vostre due connessioni?

87

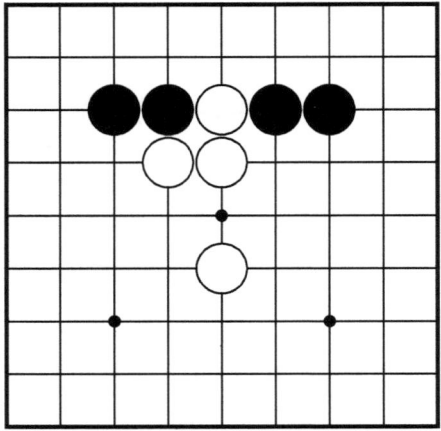

Tocca al Nero.

Come potete connettere le vostre connessioni?

88

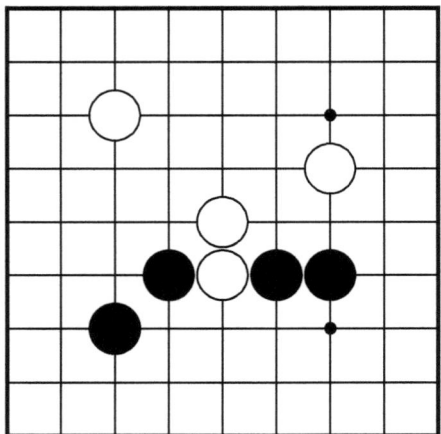

Vita

Le pietre vogliono vivere. Aiutatele
e assicuratele così contro gli attacchi
avversari!

Come possono vivere le pietre nere?

89

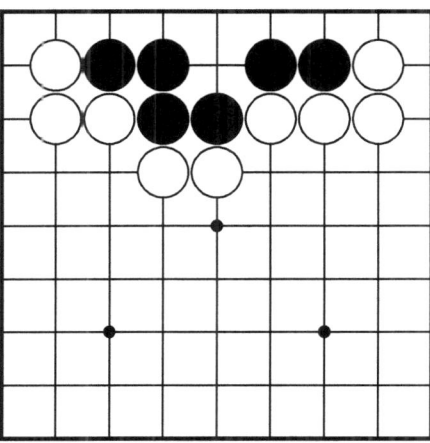

Tocca al Nero.

Trovate il punto vitale e fate vivere gli angoli!

90

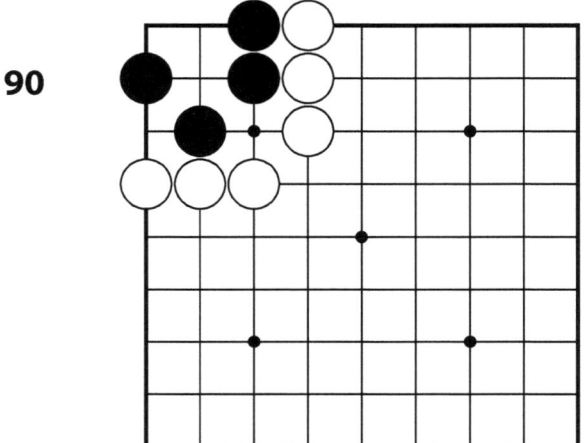

Tocca al Nero.

Con quale mossa assicurate la vostra posizione?

91

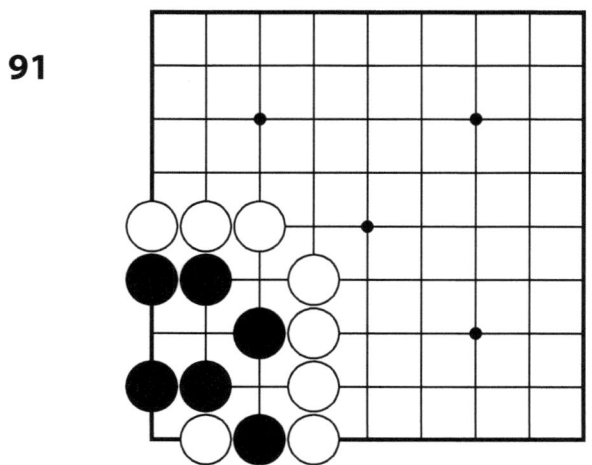

Tocca al Nero.

Come assicurate la vita delle vostre pietre?

92

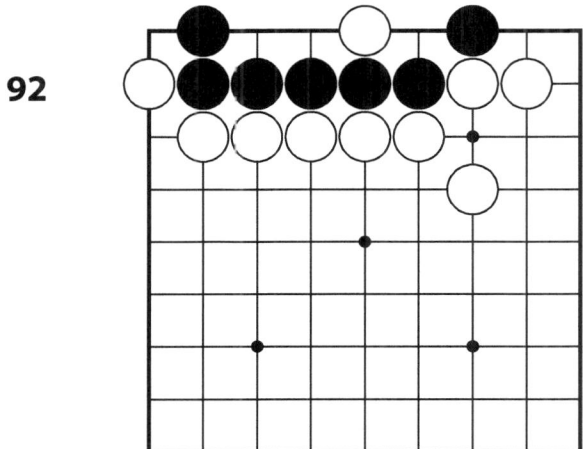

Tocca al Nero...

… e assicura la vita delle proprie pietre!

93

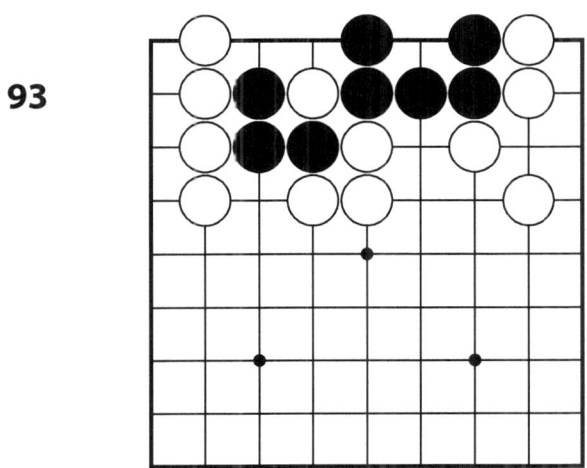

Tocca al Nero.

Con quale mossa potete assicurare la vostra posizione?

94

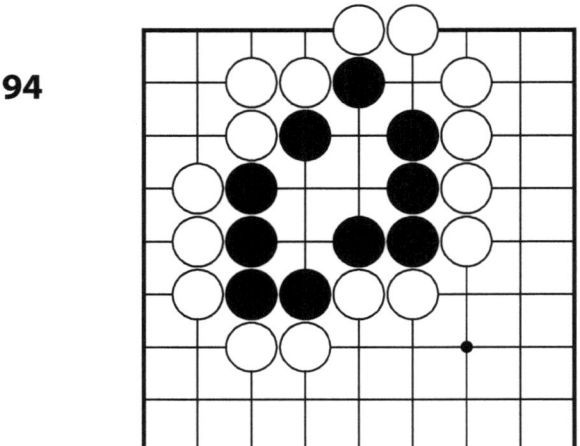

Tocca al Nero.

Con quale mossa potete assicurare la vostra posizione?

95

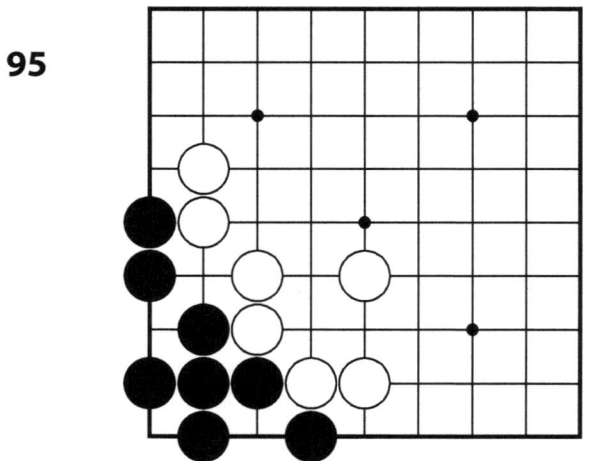

Tocca al Nero...

... e assicura la vita delle proprie pietre!

96

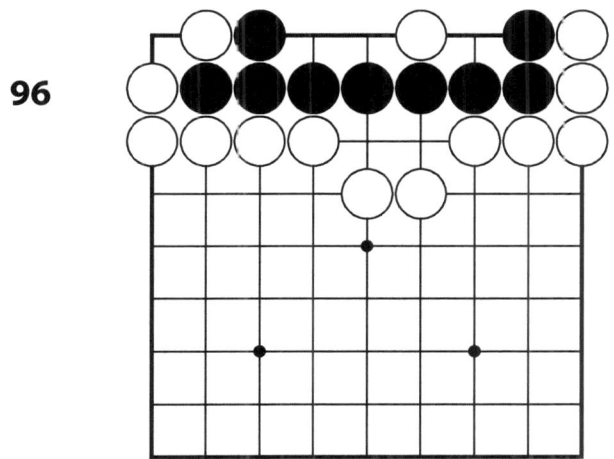

Tocca al Nero...

... e assicura la vita delle proprie pietre!

97

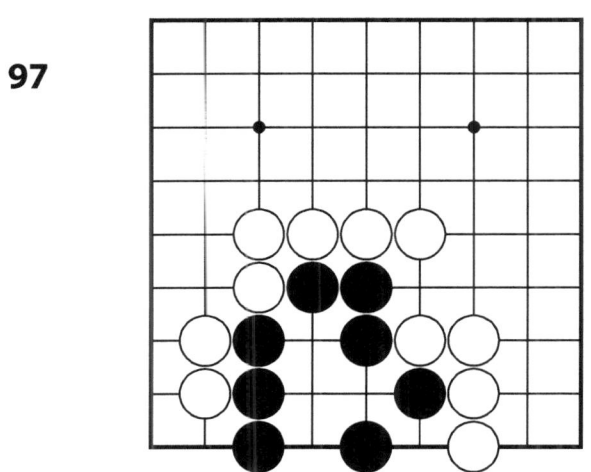

Tocca al Nero...

… e assicura la vita delle proprie pietre!

98

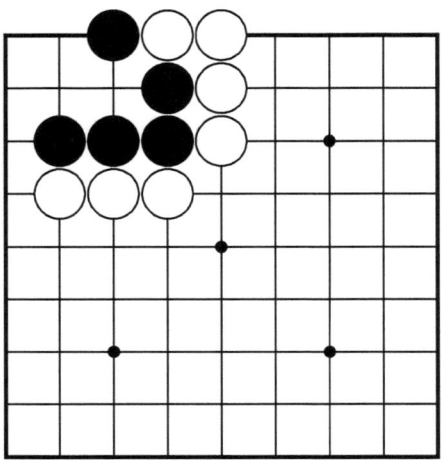

Tocca al Nero.

Con quale mossa potete assicurare la vostra posizione?

99

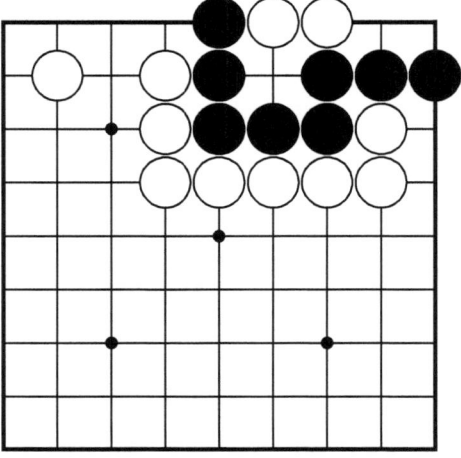

Morte

Vita e morte nel Go sono molto vicine.
Dovete aiutare le vostre pietre a vivere,
dovete uccidere i gruppi avversari.

Quale mossa uccide la posizione bianca?

100

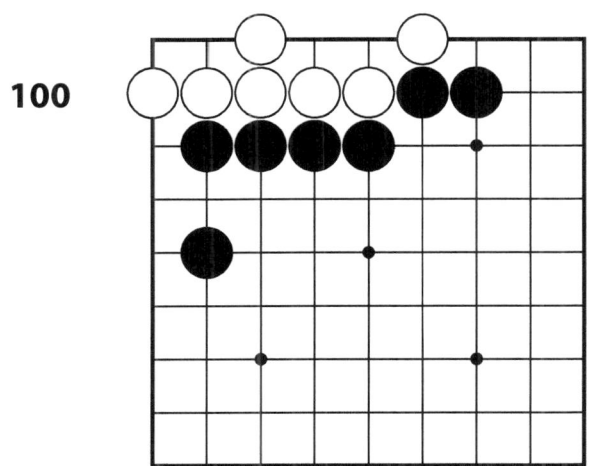

Tocca al Nero.

Qual è il punto vitale nella posizione bianca?

101

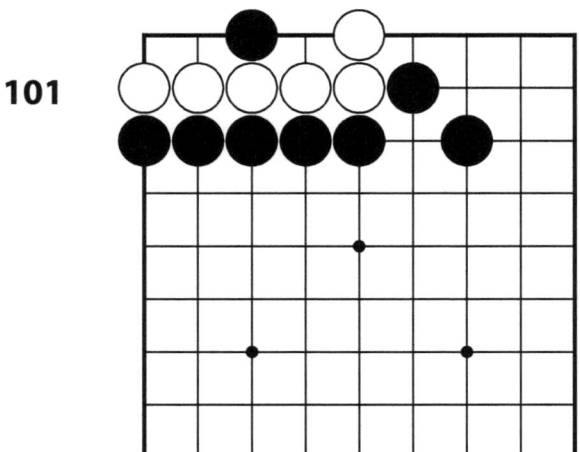

Tocca al Nero.

Come può il Nero uccidere le pietre bianche?

102

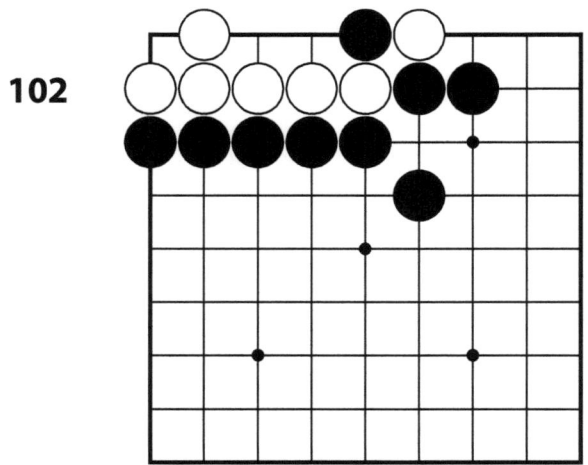

Tocca al Nero...

... e uccide le pietre bianche!

103

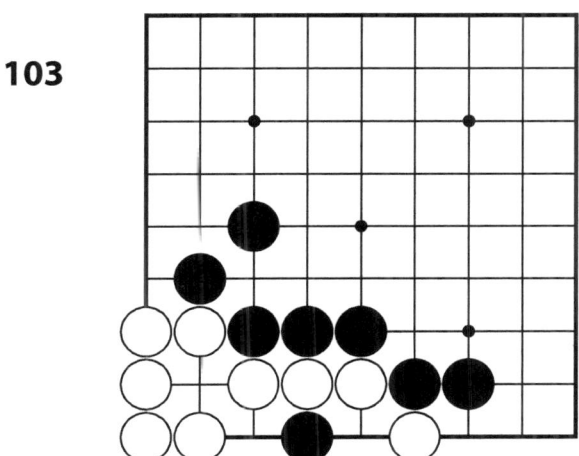

Tocca al Nero...

... e occupa il punto debole della posizione bianca!

104

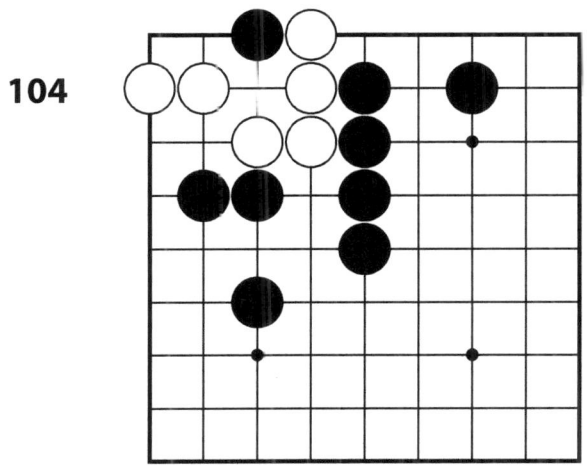

Tocca al Nero...

... e uccide le pietre bianche?

105

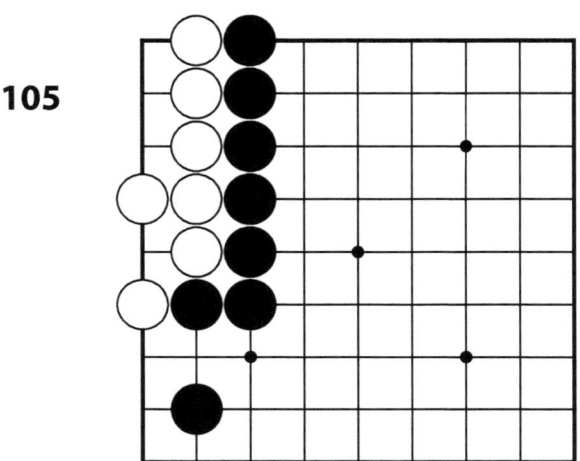

Tocca al Nero...

... e uccide la posizione bianca!

106

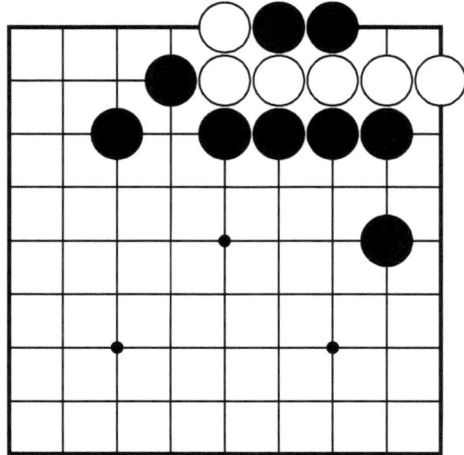

Tocca al Nero.

Dov'è il punto vitale nella posizione bianca?

107

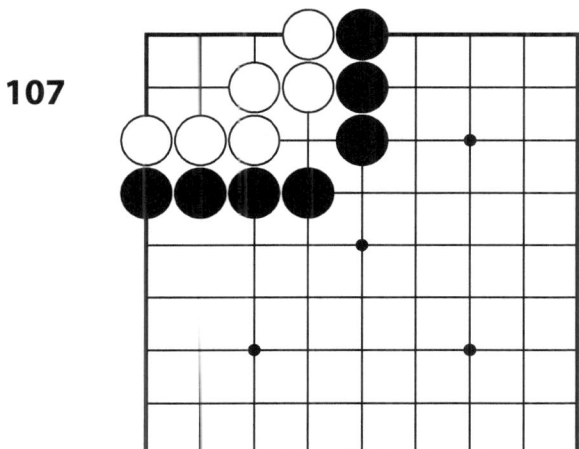

Tocca al Nero.

Come potete sfruttare la singola pietra e uccidere il gruppo bianco?

108

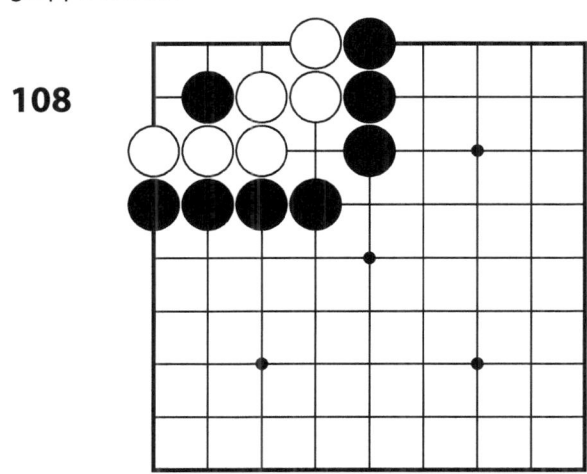

Tocca al Nero.

Come potete uccidere la posizione bianca?

109

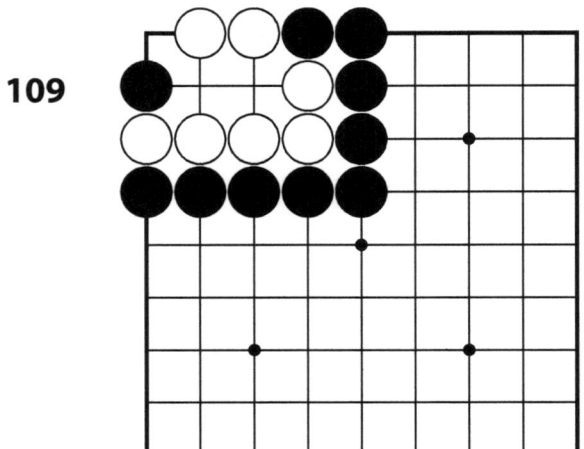

Tocca al Nero.

Come potete uccidere la posizione bianca?

110

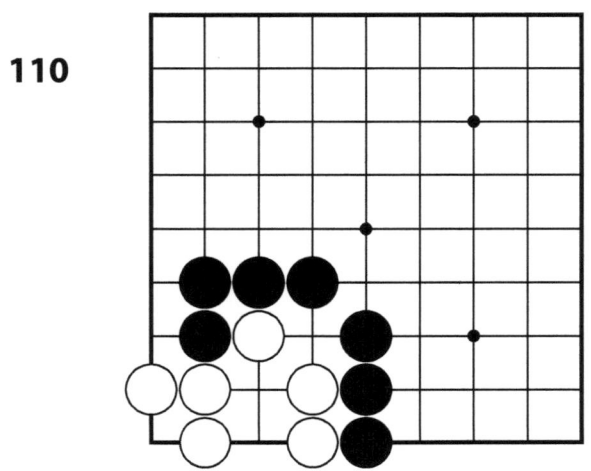

Seki

Nel gioco del Go c'è una condizione tra la vita e la morte: il Seki. Dato che nessuno può catturare l'altro, entrambi i lati della posizione rimangono lontani.

Cercate di catturare le pietre bianche! Iniziate da A o da B?

111

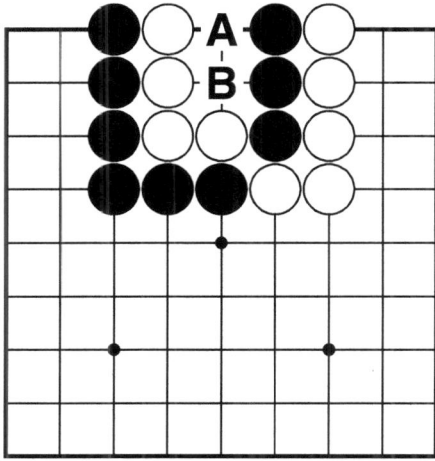

Tocca al Nero...

... e raggiunge un Seki!

112

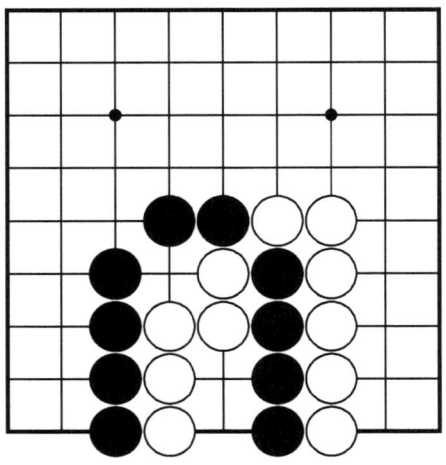

Tocca al Nero...

... e raggiunge un Seki!

113

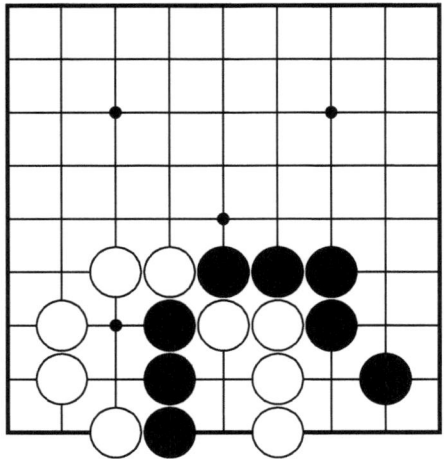

Tocca al Nero.

Si tratta qui di un Seki o potete catturare le pietre bianche?

114

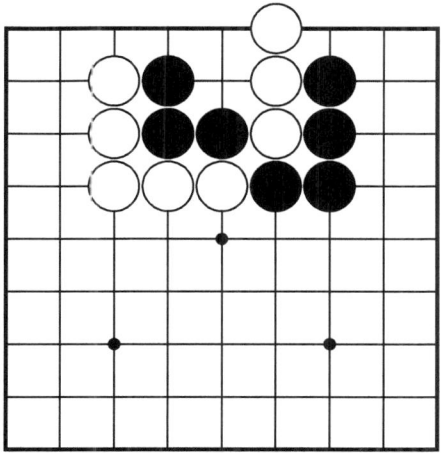

Tocca al Nero.

Si tratta qui di un Seki o potete catturare le pietre bianche?

115

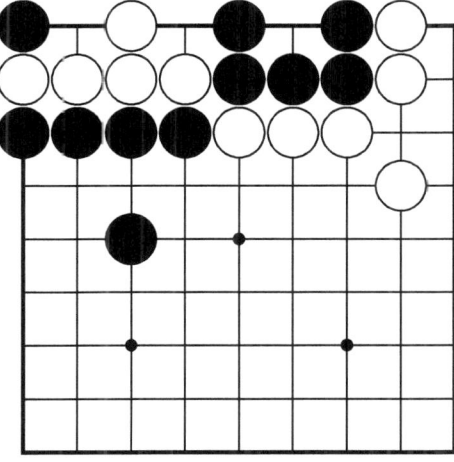

Tocca al Nero...

... e raggiunge un Seki!

116

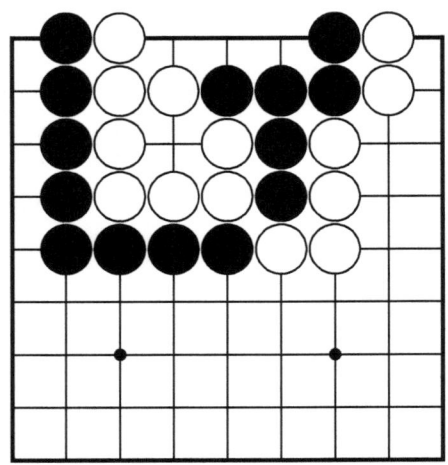

Tocca al Nero...

... e raggiunge un Seki!

117

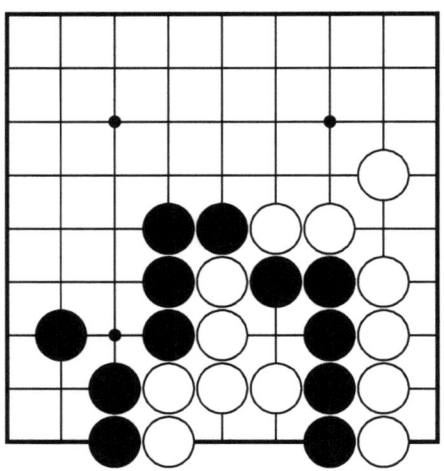

Tocca al Nero.

Si tratta qui di un Seki o potete catturare le pietre bianche?

118

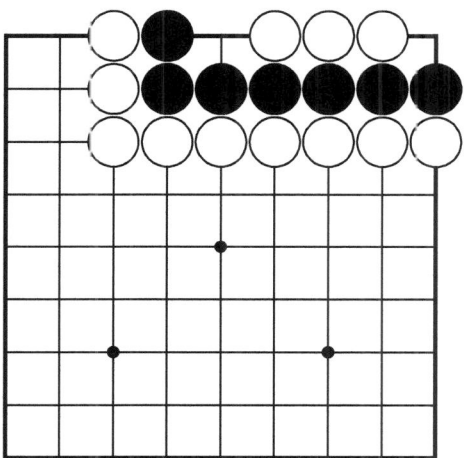

Tocca al Nero.

Si tratta qui di un Seki o potete catturare le pietre bianche?

119

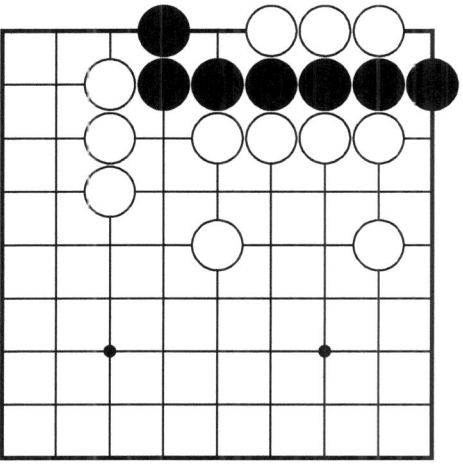

Tocca al Nero...

… e raggiunge un Seki!

120

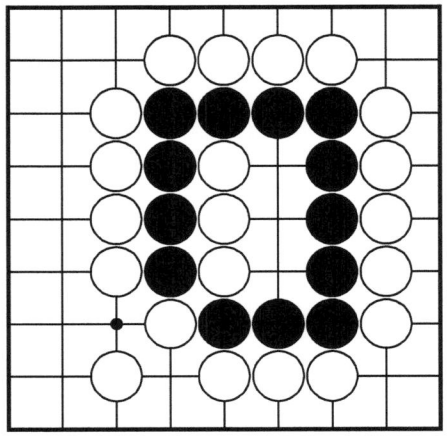

Tocca al Nero.

Dove dovreste giocare?

121

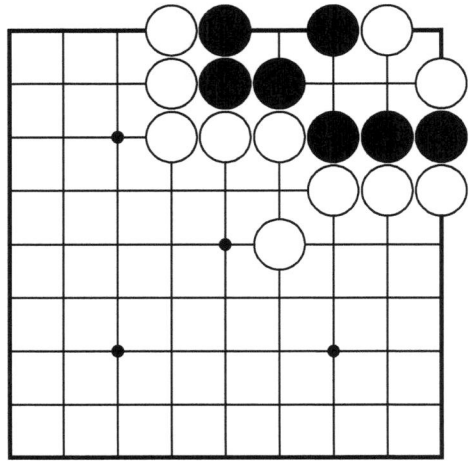

Ripasso

Adesso vogliamo vedere, se sapete utilizzare tutte le tecniche di gioco.

Ecco qui alcuni esercizi di ripasso!

Catturate tre pietre bianche!

122

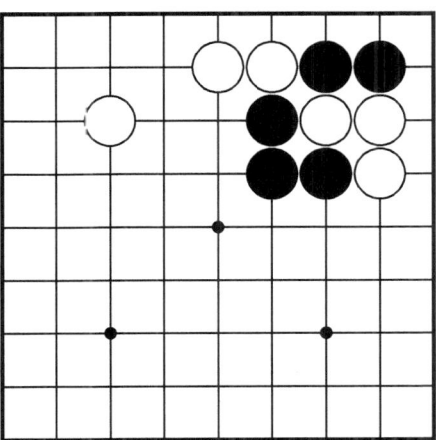

Tocca al Nero.

Da quale lato dovete dare un Atari, in modo da catturare la singola pietra bianca?

123

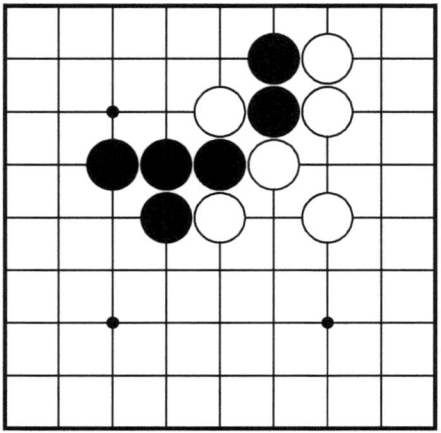

Tocca al Nero.

Quale pietra bianca dovete catturare?

124

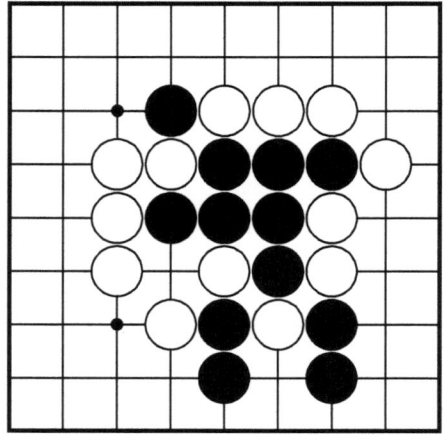

Tocca al Nero.

Come può il Nero catturare due pietre?

125

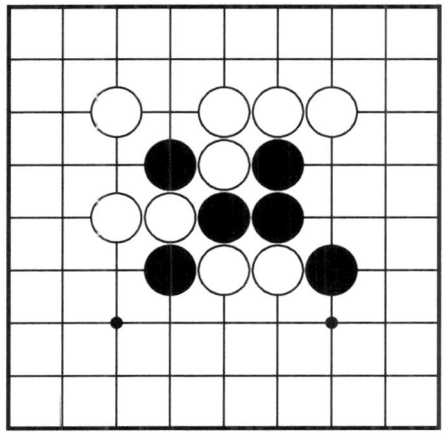

Tocca al Nero.

La singola pietra nera non è ancora persa.
Come giochereste qui?

126

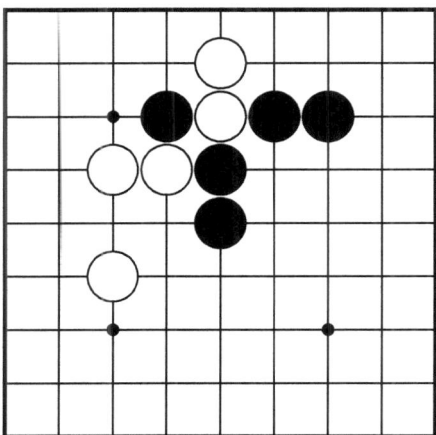

Tocca al Nero...

... e cattura delle pietre bianche!

127

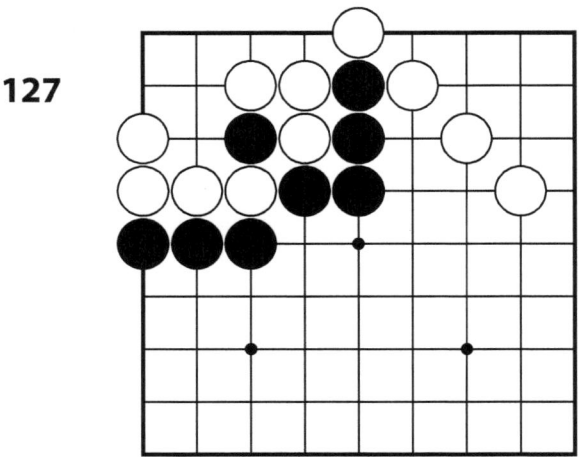

Tocca al Nero.

Le pietre nere non sono ancora perse. Come dovete giocare affinché le vostre pietre vivano in un Seki?

128

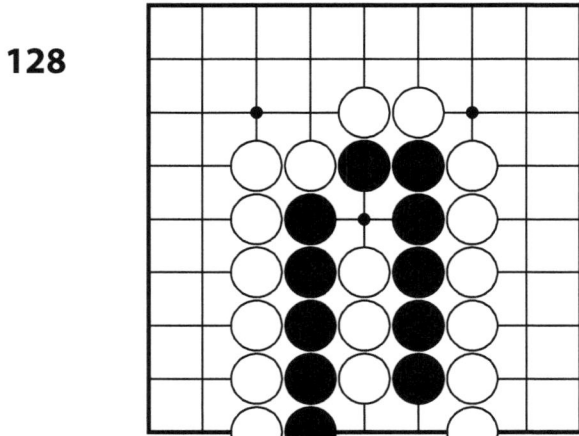

Tocca al Nero...

... e cattura delle pietre bianche!

 129

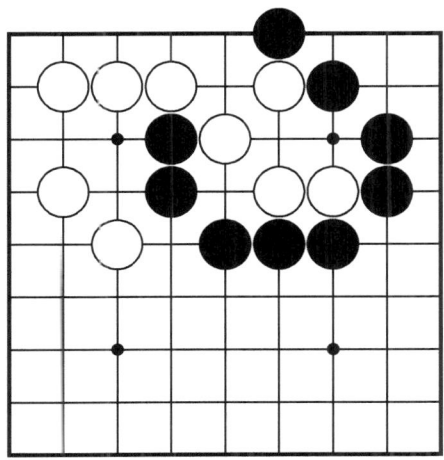

Tocca al Nero...

... e cattura delle pietre bianche!

130

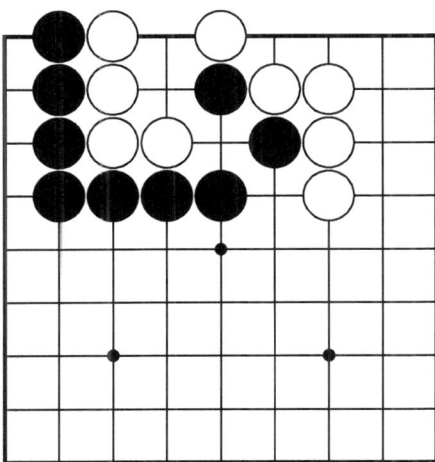

Tocca al Nero.

Connettete le vostre pietre catturando la pietra che divide!

131

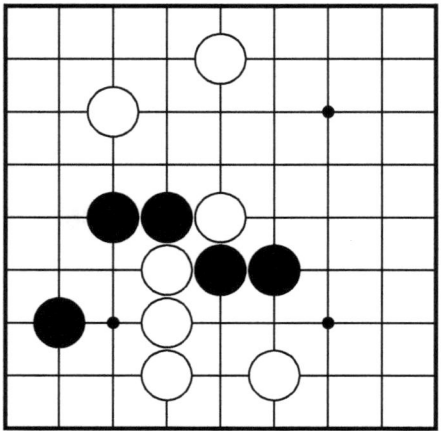

Tocca al Nero.

Salvate le pietre contrassegnate catturando le due pietre bianche!

132

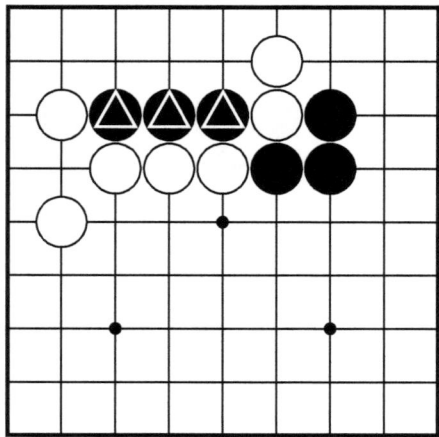

Fine della partita

Verso la fine della partita bisogna che gli ultimi confini vengano chiusi. Se c'è un punto debole nella posizione avversaria, allora potete ancora tirare fuori qualche punto.

Sfruttate il punto debole della posizione bianca!

133

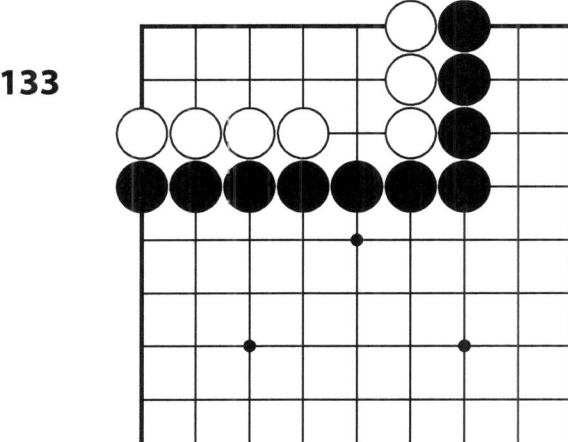

Tocca al Nero.

Il territorio bianco è sicuro o potete ancora tirare fuori qualche punto?

134

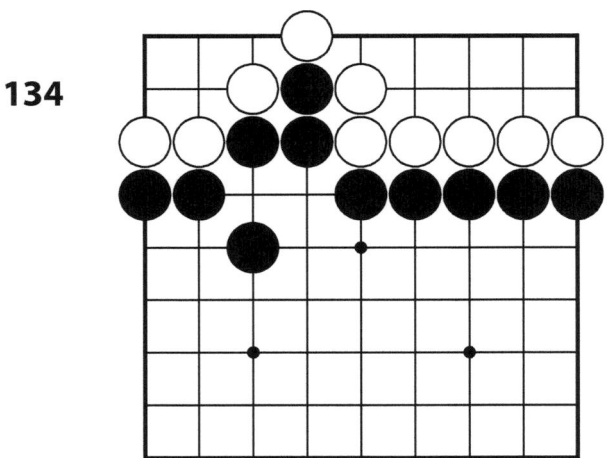

Tocca al Nero.

Il territorio bianco è sicuro o potete ancora tagliare qualche punto?

135

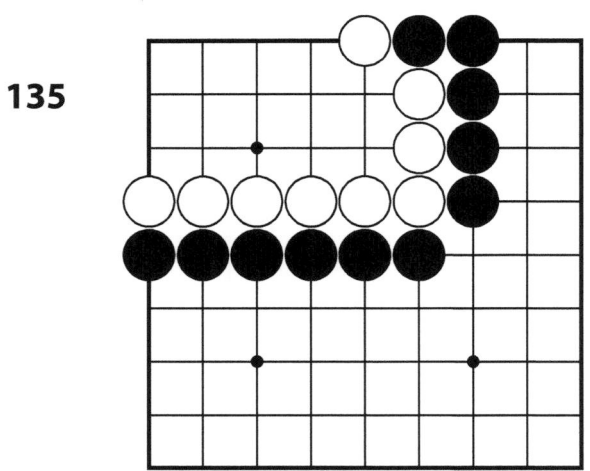

Nero.

Nero 1 è una buona mossa?

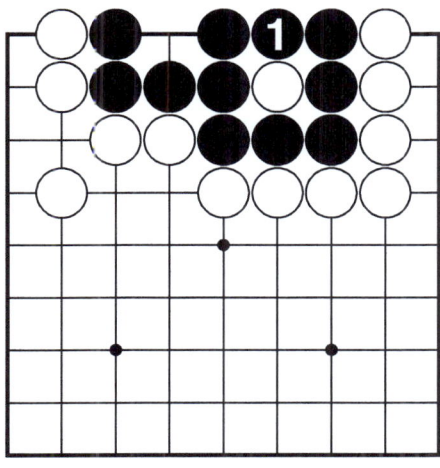

136

Nero.

Nero 1 è una buona mossa?

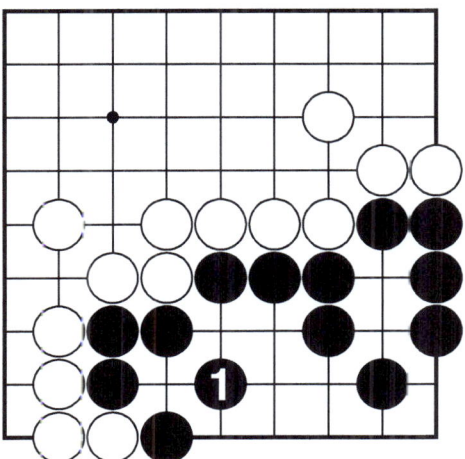

137

Tocca al Nero.

Il territorio bianco è sicuro o potete ancora tagliare qualche punto?

138

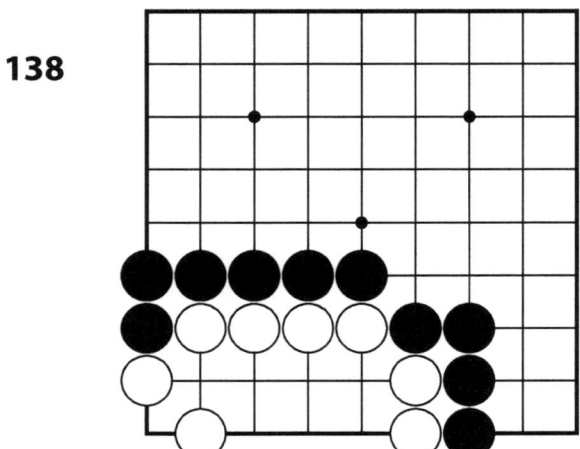

Tocca al Nero.

Sul confine del vostro territorio c'è ancora un punto debole. Come lo difendete?

139

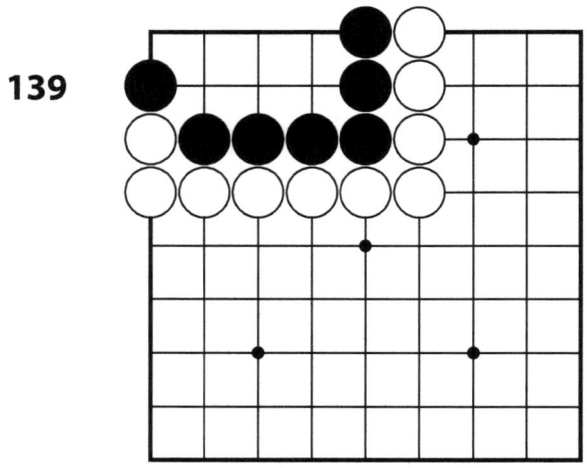

Tocca al Nero.

Il territorio bianco è sicuro o potete ancora tagliare qualche punto?

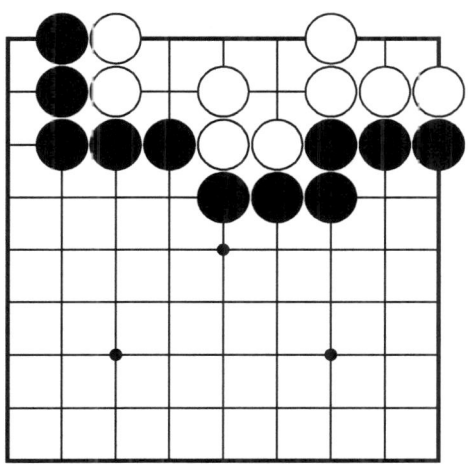

Tocca al Nero.

Il territorio nero in basso a destra è sicuro o dovete ancora giocare una mossa?

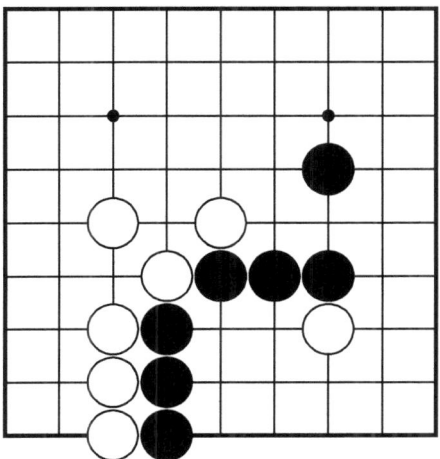

Tocca al Nero.

Quale mossa finale è migliore: A o B?

142

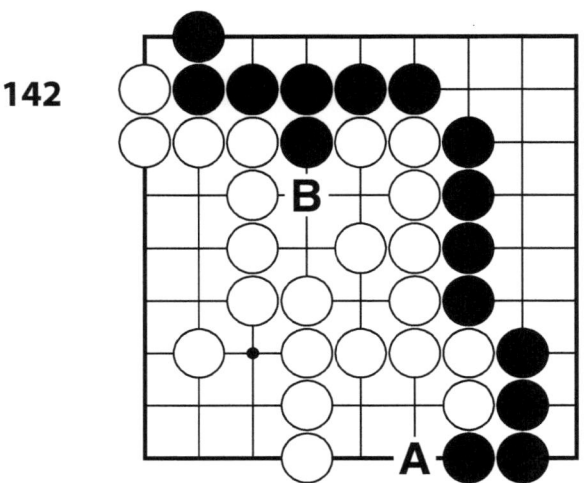

Tocca al Nero.

Quale mossa finale è migliore: A o B?

143

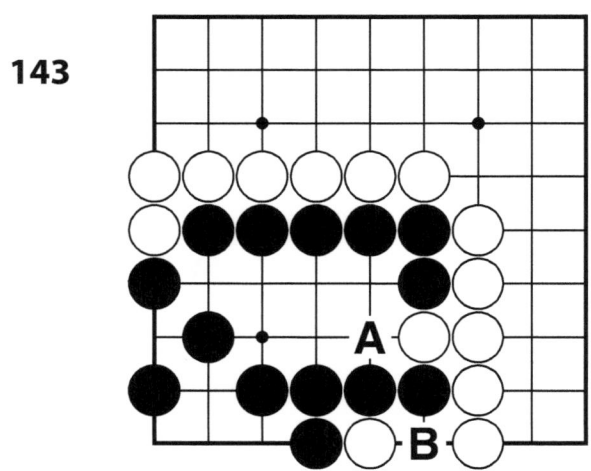

Soluzioni

Il Nero cattura tre pietre. Dopo che queste vengono tolte dal goban, la pietra nera ha ancora una libertà: A.

la mossa è quindi consentita.

1

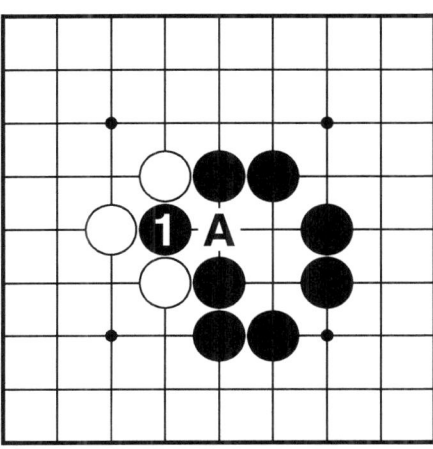

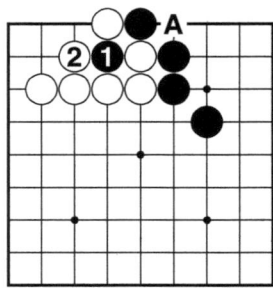

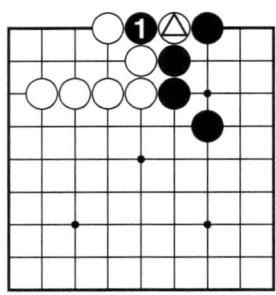

[2] Nero 1 è consentito, ma discutibile perché il Bianco cattura subito in 2. Il Bianco può catturare anche in A e quindi la pietra è altrettanto persa.

[3] Nero 1 è permesso: cattura la pietra contrassegnata. Il Bianco non può ricatturare perché questo è un Ko.

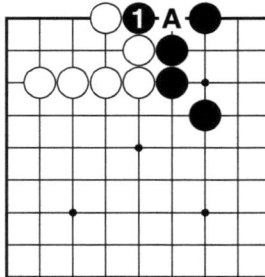

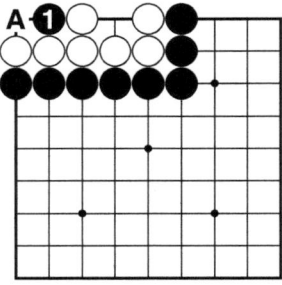

[4] Nero 1 è permesso. Il Bianco può subito catturare in A perché il Nero qui non ha catturato nessuna pietra. Perciò la mossa non è buona.

[5] Nero 1 è permesso, ma discutibile. Il Bianco potrebbe subito catturare in A.

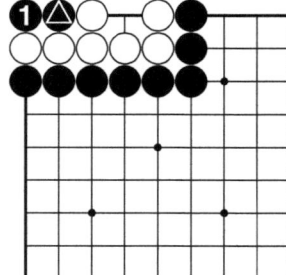

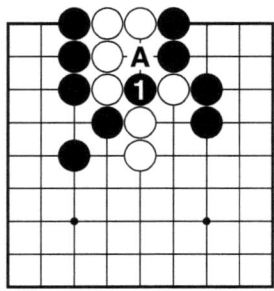

[6] Nero 1 è suicidio e quindi non permesso. Il Bianco quindi non deve catturare in A come nella soluzione 5.

[7] Nero 1 è permesso. Il Bianco può infatti catturare, ma poi è in Atari. Il Nero cattura poi 5 pietre in 1.

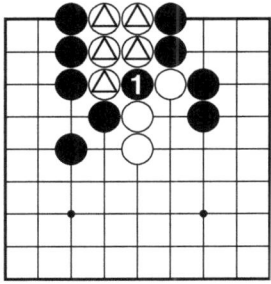

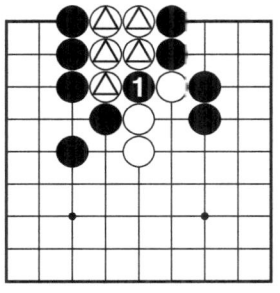

[8] Nero 1 occupa l'ultima libertà della pietra contrassegnata e la cattura. La pietra ha poi due libertà.

[9] Nero 1 copre due pietre. La mossa è consentita, ma discutibile perché il gruppo ha solo un occhio e non vive.

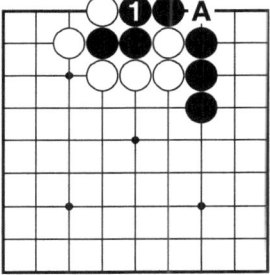

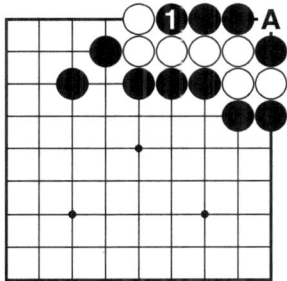

[10] Nero 1 copre due pietre, ma il Bianco può ora catturare quattro pietre in A.

[11] Nero 1 è consentito, ma è auto-Atari. Il Bianco ora cattura in A.

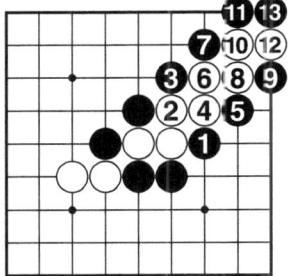

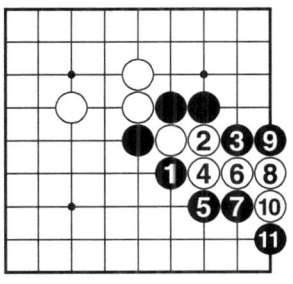

[12] Nero 1 inizia la scala. Sul bordo il Bianco non può più scappare.

[13] Nero 1 inizia la scala. Sul bordo il Bianco non può più scappare.

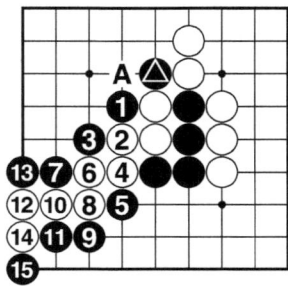

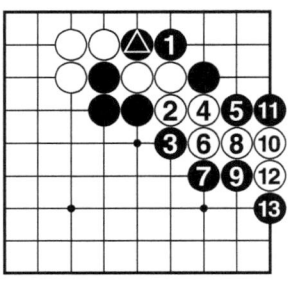

[14] Nero 1 inizia la scala. Una scala in 2 non funziona per il Nero perché così il Bianco riceve un Atari in A e scappa.

[15] Nero 1 inizia la scala. Nero 1 in 2 sarebbe un errore, perché il Bianco poi cattura la pietra contrassegnata.

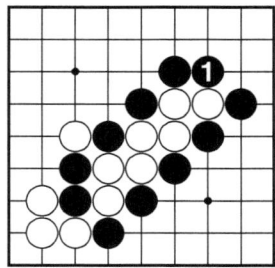

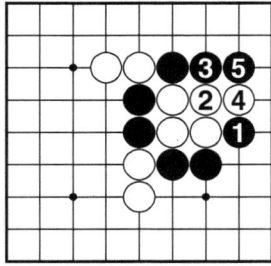

[16] Nero 1 cattura le pietre bianche nella scala e si difende così dal doppio Atari.

[17] Nero 1 inizia la scala. Sul bordo il Bianco non può più scappare. Verificatelo!

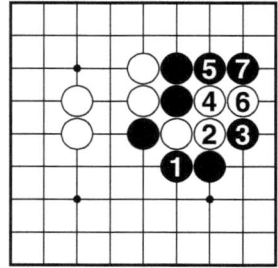

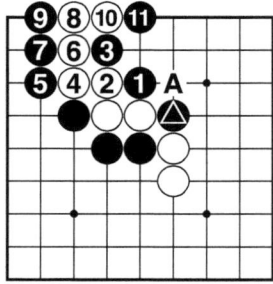

[18] Nero 1 inizia la scala. Sul bordo il Bianco non può più scappare.

[19] Nero 1 inizia la scala. Una scala in 2 non funziona per il Nero, perché il Bianco riceve un Atari in A e scappa.

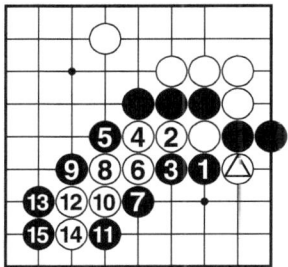

[20] Nero 1 inizia la scala. Il Nero deve spingere una volta con 3 per evitare un contro-Atari attraverso la pietra contrassegnata.

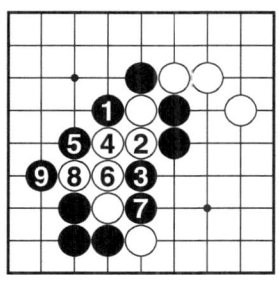

[21] Nero 1 inizia la scala. Il Bianco non può scappare.

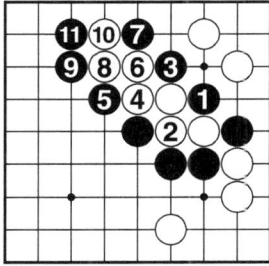

[22] Nero 1 inizia la scala. Sul bordo il Bianco non può più scappare.

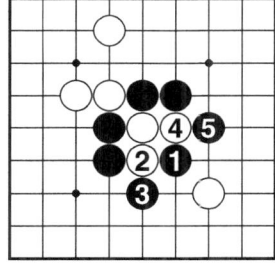

[23] Nero 1 è una rete, dalla quale la pietra bianca non può scappare.

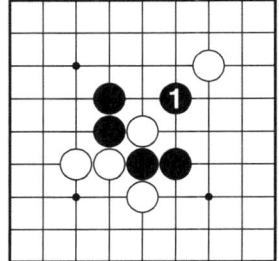

[24] Nero 1 è la rete, dalla quale la pietra bianca non può scappare.

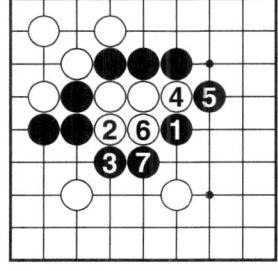

[25] Nero1 è la rete, dalla quale le pietre bianche non possono scappare.

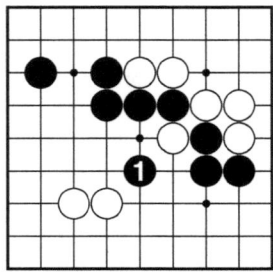

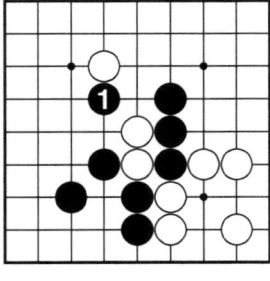

[26] Nero 1 è una rete, dalla quale la pietra bianca non può scappare.

[27] Nero1 è la rete, dalla quale le pietre bianche non possono scappare.

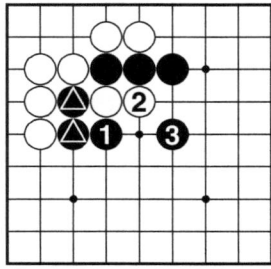

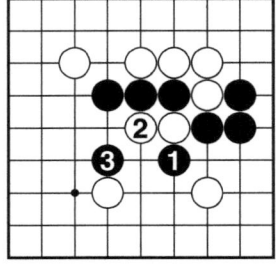

[28] Nero 1 prepara la rete in 3. Se il Nero tralascia questa mossa, allora il Bianco può dare un Atari in 1.

[29] Nero 1 è necessario e prepara la rete in 3.

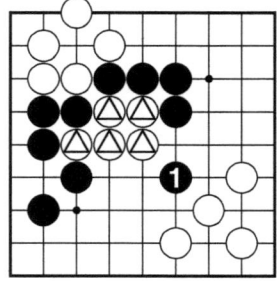

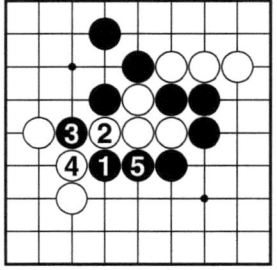

[30] Nero 1 è la rete, dalla quale le pietre bianche non possono scappare.

[31] Nero 1 è la rete. Il Nero ignora l'Atari in 4 e cattura con 5.

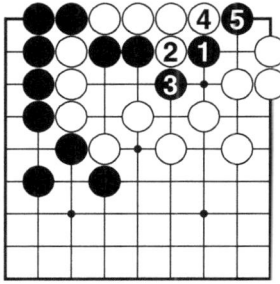

[32] Nero 1 è la rete, dalla quale le pietre bianche non possono scappare.

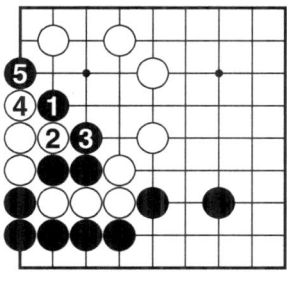

[33] Nero 1 è la rete, dalla quale le pietre bianche non possono scappare.

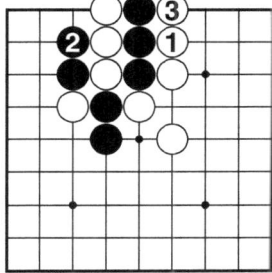

[34] Se il Bianco inizia il Semeai, allora il Nero perde, perché il Bianco è di un turno più veloce.

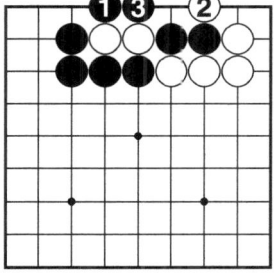

[35] Nero 1 inizia la gara e vince il Semeai.

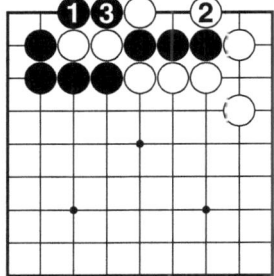

[36] Nero 1 inizia la gara e vince il Semeai.

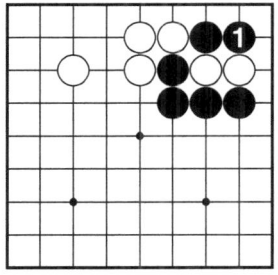

[37] Nero 1 cattura le pietre bianche.

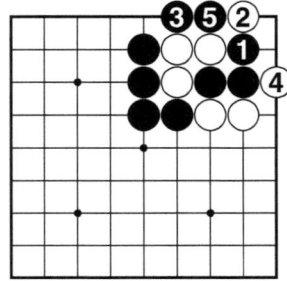

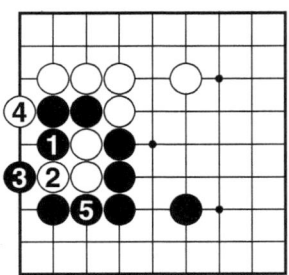

[38] Nero 1 toglie alle pietre bianche una libertà e ne aggiunge una alle nere. Il Nero è più veloce.

[39] Nero toglie alle pietre bianche una libertà con 1 e poi le cattura con 3 e 5.

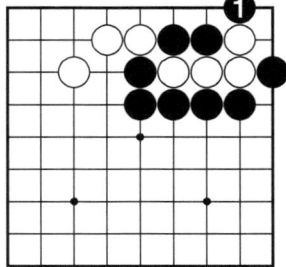

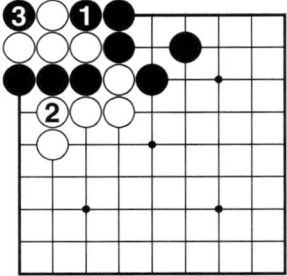

[40] Nero 1 dà un Atari e cattura le pietre bianche.

[41] Nero 1 è giusto e inizia ad occupare le libertà.

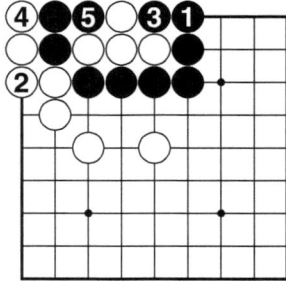

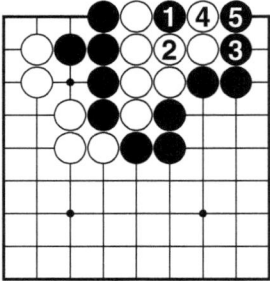

[42] Nero 1 è giusto. Si deve avvicinare lentamente alle pietre bianche. Il Bianco può giocare allo stesso modo prima in 2 e poi in 4.

[43] Nero 1 cattura le pietre bianche. Se il Bianco copre, allora seguono gli Atari 3 e 5. Il Bianco non può scappare.

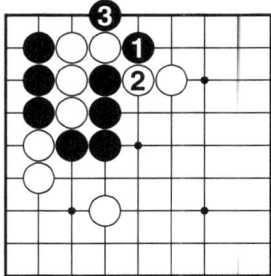

[44] Nero 1 è corretto e cattura le pietre bianche.

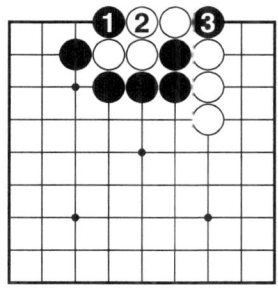

[45] Nero 1 dà un Atari. Se il Bianco copre in 2, allora il Nero cattura in 3.

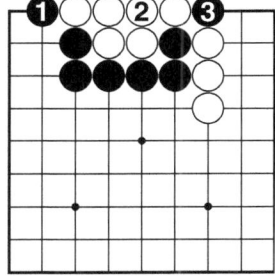

[46] Nero 1 dà un Atari. Se il Bianco copre in 2, allora il Nero cattura in 3.

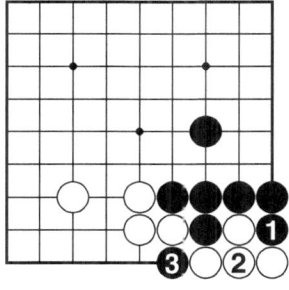

[47] Nero 1 dà un Atari. Se il Bianco copre in 2, allora il Nero cattura in 3.

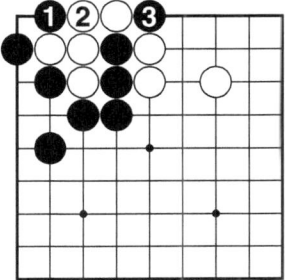

[48] Nero 1 dà un Atari. Se il Bianco copre in 2, allora il Nero cattura in 3.

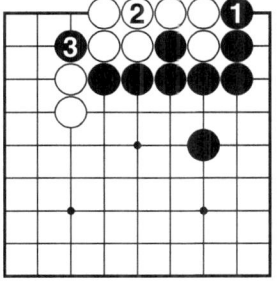

[49] Nero 1 e 3 danno un Atari. Il Bianco adesso non può più scappare.

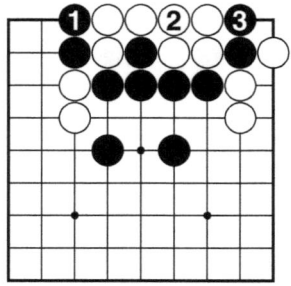

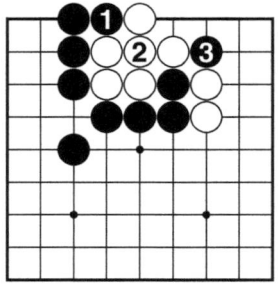

[50] Nero 1 dà l'Atari nella giusta direzione. Se il Bianco copre in 2, allora il Nero cattura in 3.

[51] Nero 1 è corretto. Se il Bianco copre in 2, allora il Nero gioca in 3 e il Bianco non può più scappare.

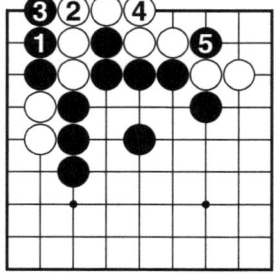

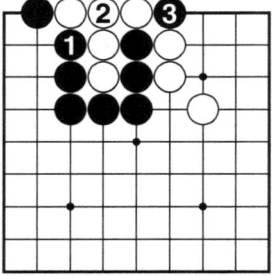

[52] Nero 1 e 3 sono giusti. Dopo Bianco 4, il Nero gioca in 5 e le pietre bianche sono perse.

[53] Nero 1 dà un Atari. Se il Bianco copre in 2, allora il Nero cattura in 3.

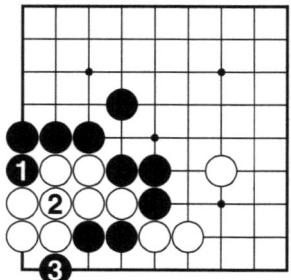

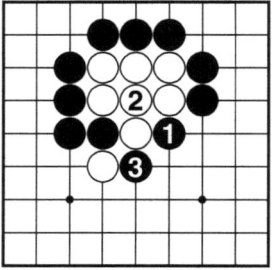

[54] Nero 1 sfrutta la mancanza di libertà del Bianco. A Bianco 2 segue Nero 3 e il Bianco ha una libertà in meno.

[55] Nero 1 dà un Atari, il Bianco – data la mancanza di libertà – non può coprire.

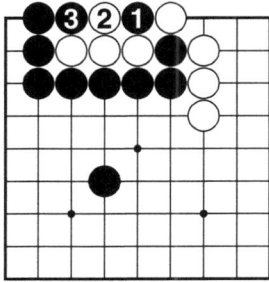

[56] Nero 1 lancia, Bianco cattura e Nero 3 dà un Atari. Il Bianco ora – data la mancanza di libertà – non può coprire.

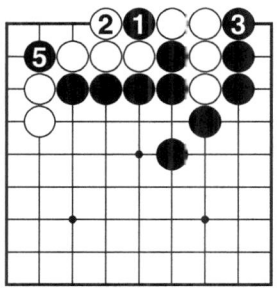

[57] Nero 1 è giusto. Se il Bianco cattura, allora Nero 3 dà un Atari. Se il Bianco copre con 4 su 1, allora segue Nero 5.

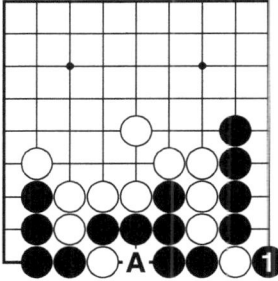

[58] Nero 1 è il Tesuji, che causa una mancanza di libertà per il Bianco.

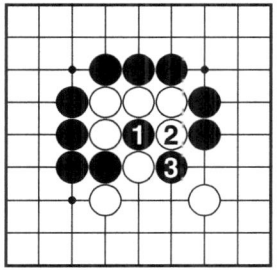

[59] Nero 1 lancia. Dopo che il Bianco ha catturato con 2, si crea la stessa situazione dell'esercizio 55.

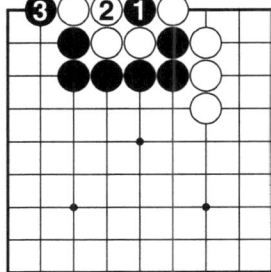

[60] Nero 1 lancia. Se il Bianco copre in 2, allora il Nero dà un Atari su quattro pietre.

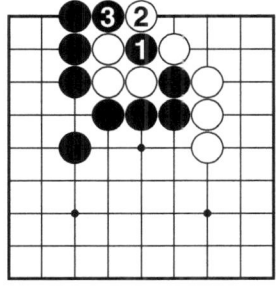

[61] Nero 1 è un Tesuji. Se il Bianco cattura con 2, si crea la stessa situazione dell'esercizio 51.

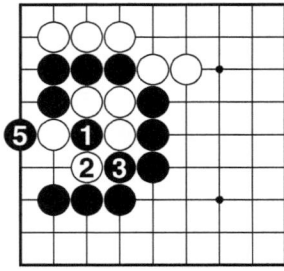

[62] Nero 1 è il Tesuji, che causa una mancanza di libertà per il Bianco.

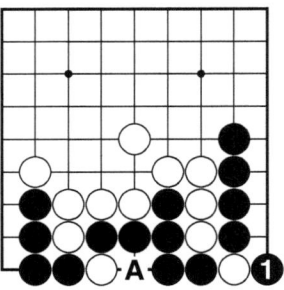

[63] Nero deve catturare con 1. Nero A sarebbe un errore perché non conquista nessuna libertà. Invece il Bianco può catturare.

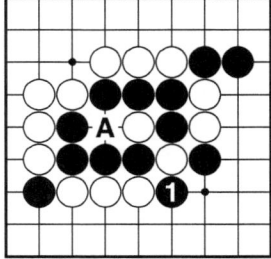

[64] Nero 1 è corretto, perché le pietre nere conquistano così libertà. A sarebbe un errore perché poi il Bianco catturerebbe.

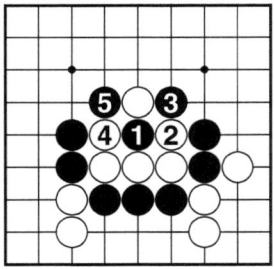

[65] Nero 1 è il Tesuji. Questa situazione iniziate è detta "nido di gru" e dovreste memorizzarla bene.

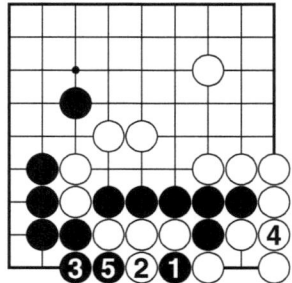

[66] Nero 1 lancia. Dopo Bianco 2 fino a Nero 5 il Bianco non può coprire, data la mancanza di libertà.

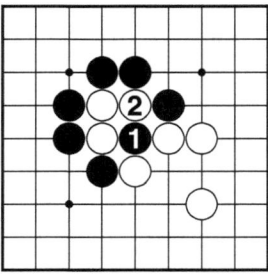

[67] Nero 1 è corretto. Dopo che il Bianco ha catturato su 2, il Nero cattura di nuovo su 1.

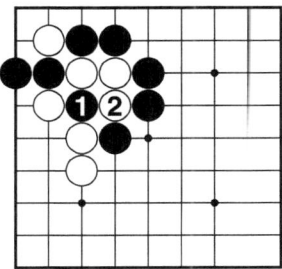

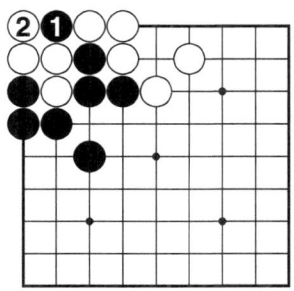

[68] Nero 1 è la mossa giusta. Le pietre bianche non possono scappare perché il Nero cattura con 3 in 1.

[69] Nero 1 è giusto. Il Nero cattura con 3 in 1.

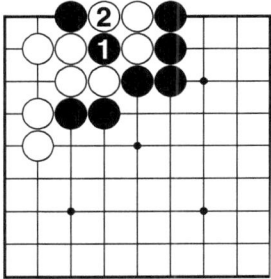

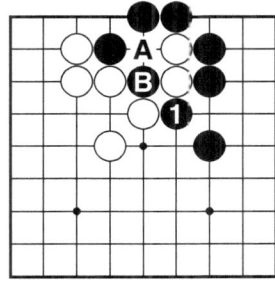

[70] Nero 1 è giusto. Il Nero cattura con 3 in 1.

[71] Nero 1 è giusto perché la mossa costruisce una trappola per topi. Se il Bianco cattura in A, allora il Nero cattura in B.

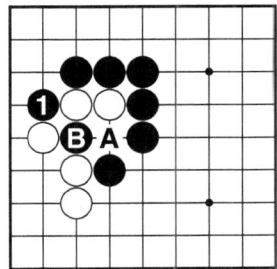

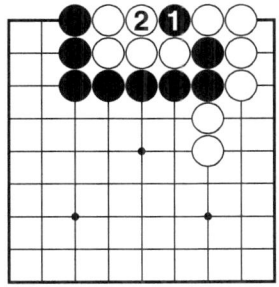

[72] Nero 1 è corretto. Se il Bianco cattura in A, allora il Nero cattura in B.

[73] Nero 1 è corretto. Il Nero cattura con 3 in 1.

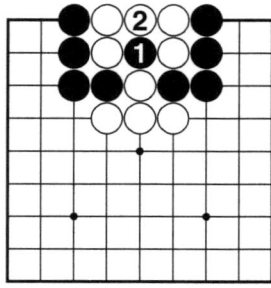

[74] Nero 1 riconosce la trappola per topi e cattura quattro pietre. Dopo Bianco 2, il Nero cattura in 1.

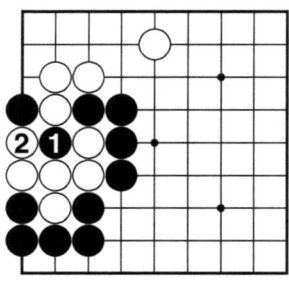

[75] Nero 1 è corretto. Dopo Bianco 2, il Nero cattura in 1.

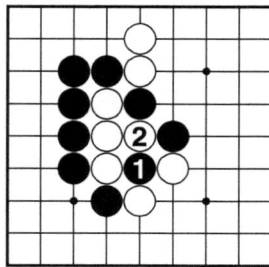

[76] Nero 1 è corretto. Dopo Bianco 2, il Nero cattura in 1.

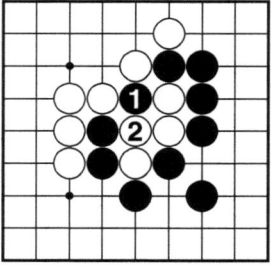

[77] Nero 1 è la trappola per topi e dopo Bianco 2 cattura in 1.

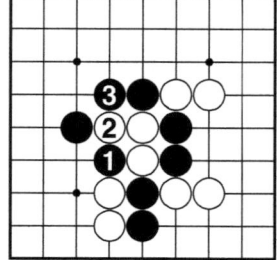

[78] Nero 1 taglia. Entrambe le pietre bianche non possono scappare.

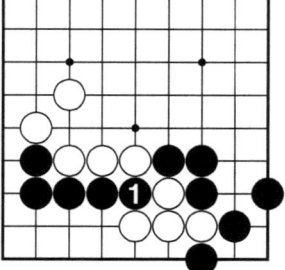

[79] Nero 1 taglia. Le pietre bianche sul bordo inferiore sono ora perse.

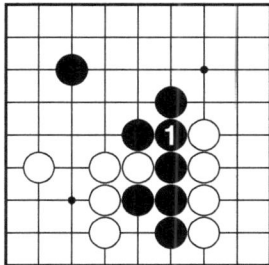

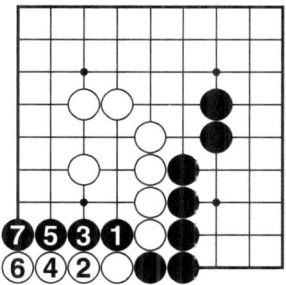

[80] Nero 1 connette le connessioni. Se il Bianco arrivasse all'intersezione in 1, allora le quattro pietre nere sarebbero perse.

[81] Nero 1 taglia. Se il Bianco si muove con 2, allora il Nero lo caccia nell'angolo, da dove il Bianco non può scappare.

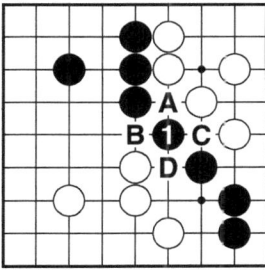

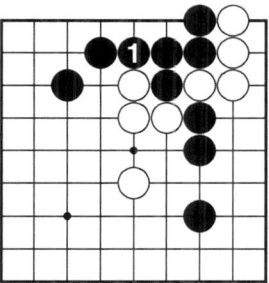

[82] Nero 1 connette. Se il Bianco gioca in uno dei punti da A a D, allora il Nero connette su ciascun punto diagonale opposto.

[83] Nero 1 è necessario, altrimenti il Bianco catturerebbe quattro pietre nere giocando lui stesso in 1.

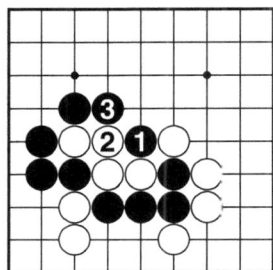

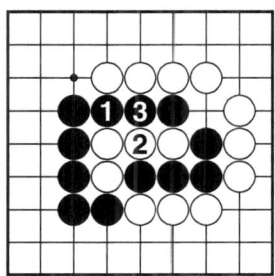

[84] L'Atari con Nero 1 è giusto. Il Bianco non può scappare. Se il Nero gioca solo in 2, allora in Bianco copre in 1.

[85] Nero 1 è la giusta direzione. La mossa cattura delle pietre bianche e salva quelle nere.

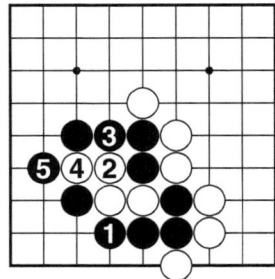

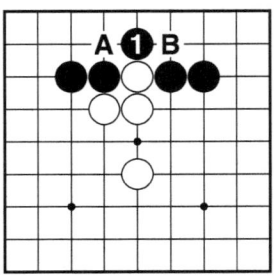

[86] Nero 1 dà il primo Atari nella giusta direzione.

[87] Nero 1 connette entrambe le connessioni. Se il Bianco taglia in A o B, allora il Nero cattura la pietra che taglia.

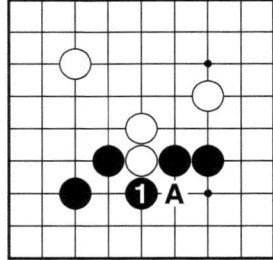

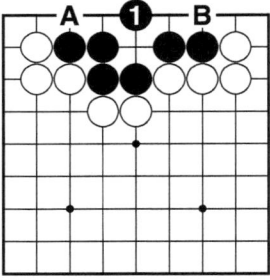

[88] Nero 1 connette entrambe le connessioni. Se il Bianco taglia in A, allora il Nero può catturare la pietra che taglia.

[89] Nero 1 è il punto che assicura due occhi. Dato che il Bianco non può occupare contemporaneamente A e B, il Nero vive.

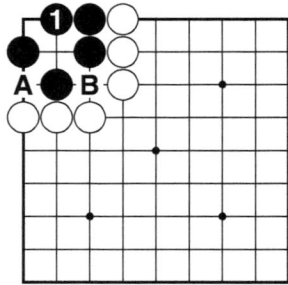

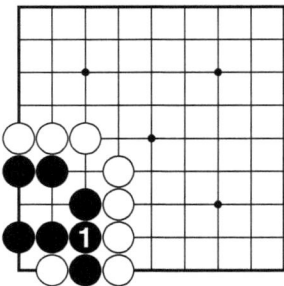

[90] Nero 1 occupa ciascun punto vitale. Il Bianco dovrebbe occupare A e B per uccidere il Nero.

[91] Nero 1 assicura la vita. Nessun altra mossa svolge questo compito.

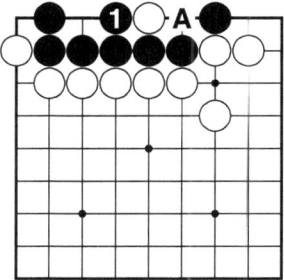

[92] Nero 1 assicura il secondo occhio perché il Bianco non può giocare in A. Il Nero vive.

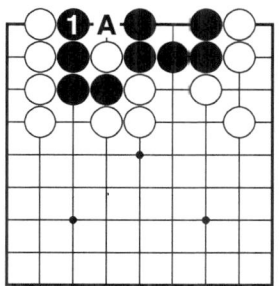

[93] Nero 1 assicura il secondo occhio. Il Nero vive. A sarebbe un errore, perché il Bianco in 1 rende l'occhio falso.

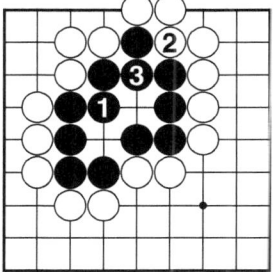

[94] Nero 1 assicura due occhi. Nero vive. Tutti gli altri tentativi falliscono.

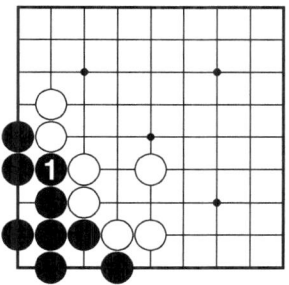

[95] Nero 1 assicura il secondo occhio.

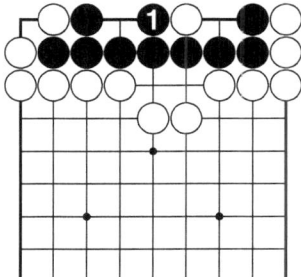

[96] Nero 1 è necessario e assicura la vita del gruppo.

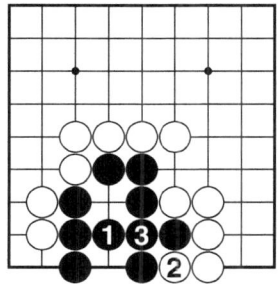

[97] Nero 1 assicura la forma dell'occhio. Nero 1 in 3 è fatale, perché Bianco 2 in 1 uccide il gruppo.

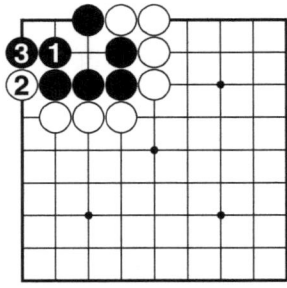

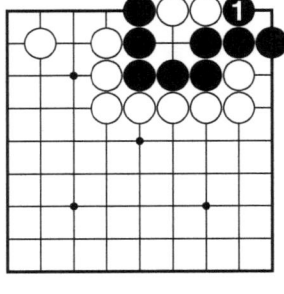

[98] Nero 1 assicura la vita. Qualsiasi altra mossa fallisce.

[99] Nero 1 divide lo spazio dell'occhio in due occhi sicuri. Nero vive.

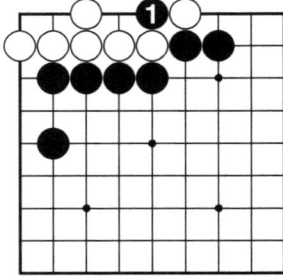

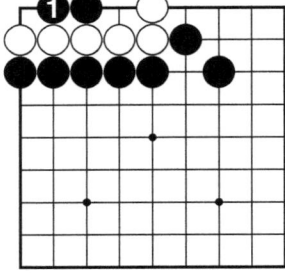

[100] 100. Nero 1 impedisce il secondo occhio, il Bianco è morto.

[101] Nero 1 impedisce al Bianco di creare due occhi. Il gruppo è morto.

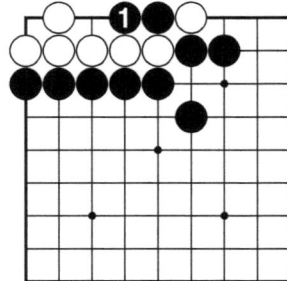

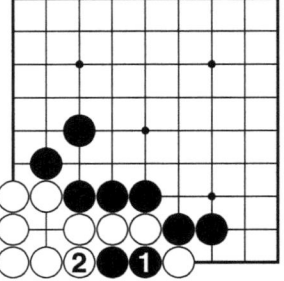

[102] Nero 1 impedisce il secondo occhio del Bianco. Il gruppo bianco è morto.

[103] Nero 1 è un'abile mossa. Se il Bianco cattura con 2, allora il Nero lancia di nuovo in 3.

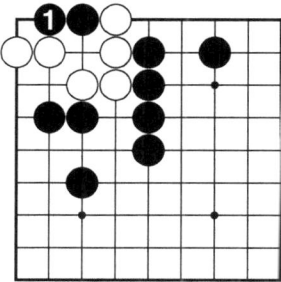

[104] Nero 1 uccide perché il Bianco non può più creare due occhi.

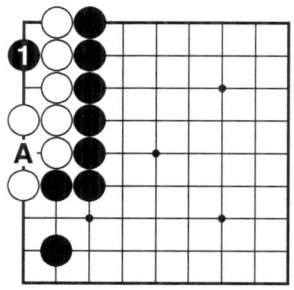

[105] Nero 1 impedisce che il Bianco ottenga due occhi. A è un falso occhio.

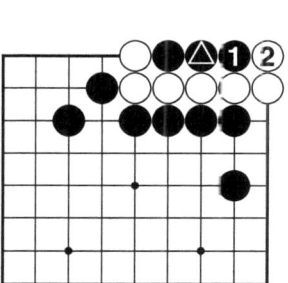

[106] Nero 1 uccide. Se il Bianco cattura in 2, allora il Nero gioca di nuovo con 3 sulla pietra contrassegnata. Il Bianco è morto.

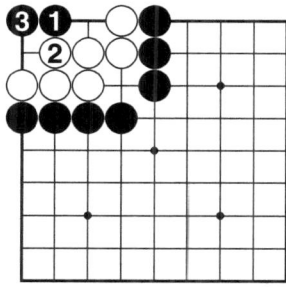

[107] Nero 1 e 3 impediscono al Bianco di formare due occhi.

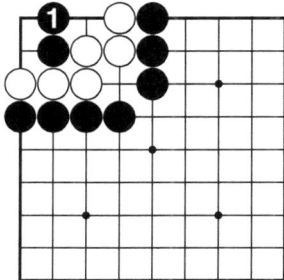

[108] Nero 1 è corretto. Il Bianco è morto.

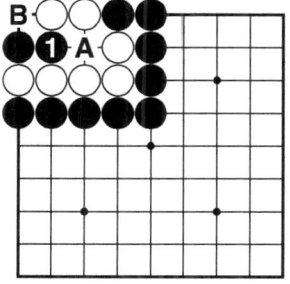

[109] Nero 1 uccide. Se il Bianco risponde in A, allora il Nero cattura in B.

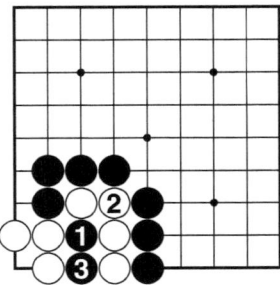

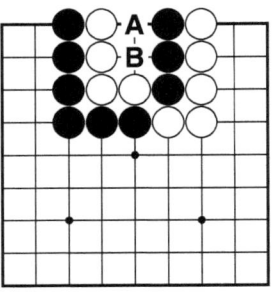

[110] Nero 1 uccide. Se il Bianco copre in 2, il Nero cattura. Se il Bianco 2 gioca in 3, il Nero gioca in 2.

[111] Nessuno può giocare A o B senza essere catturato dall'altro. È un Seki.

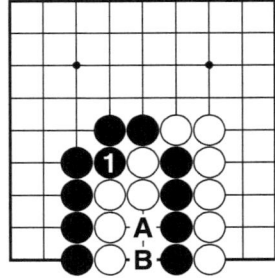

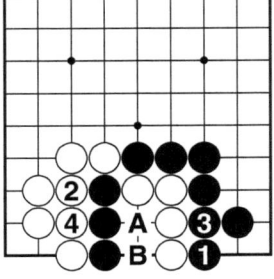

[112] Nero 1 crea il Seki perché nessuno può ora giocare in A o B senza perdite.

[113] Nero 1 e 3 raggiungono il Seki. Il Nero non deve commettere l'errore di iniziare in A o B.

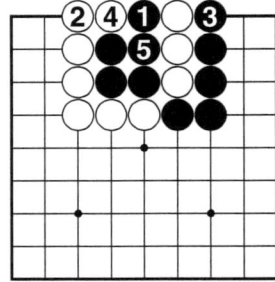

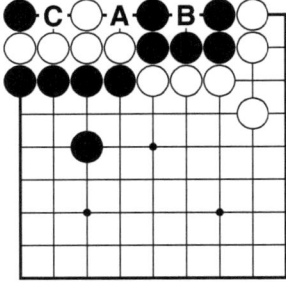

[114] Questo non è un Seki perché il Nero può catturare con 1 fino a 5. Riconoscete la differenza?

[115] Seki. Nessuno può giocare in A perché l'altro catturerebbe in B o C.

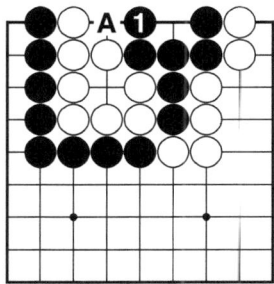

[116] Nero 1 raggiunge il Seki. Nessuno può adesso giocare in A.

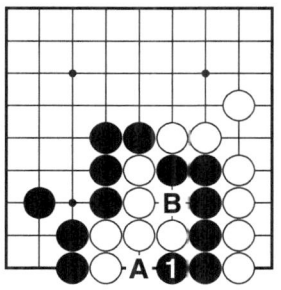

[117] Nero 1 raggiunge il Seki. Né il Nero né il Bianco possono giocare in A o B.

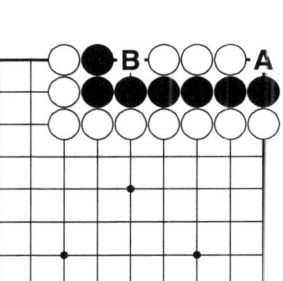

[118] Questo è un Seki. Il Bianco non può giocare né in A né in B perché il Nero catturerebbe quattro pietre e vivrebbe

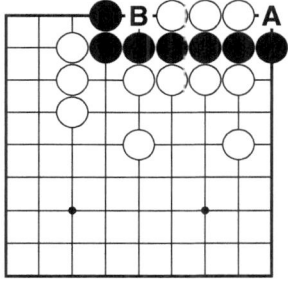

[119] Seki. Le libertà esterne non aiutano il Nero. Se lui gioca in A o B, il Bianco occupa i punti vitali nel mezzo.

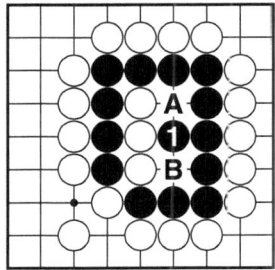

[120] Nero 1 raggiunge un Seki. Nessuno si può avvicinare in A o B perché altrimenti sarebbe catturato.

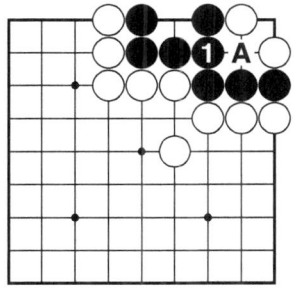

[121] Nero 1 assicura la vita in Seki. Nessuno si può avvicinare in A.

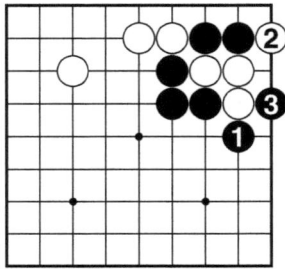

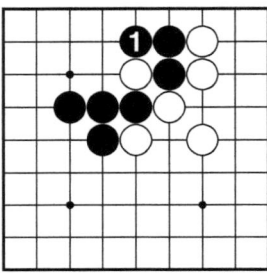

[122] Nero 1 vince il Semai. Il Bianco ha una libertà in meno.

[123] Nero 1 è l'Atari dal lato giusto.

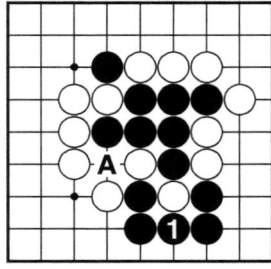

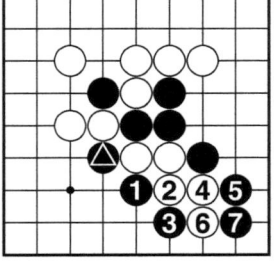

[124] Nero 1 cattura la pietra giusta. Se catturasse in A, avrebbe poi solo una libertà e il Bianco catturerebbe otto pietre.

[125] Nero 1 inizia la scala. Nero 1 in 2 sarebbe un errore perché il Bianco otterrebbe un Atari contro la pietra contrassegnata.

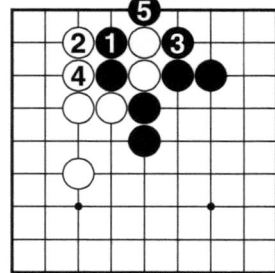

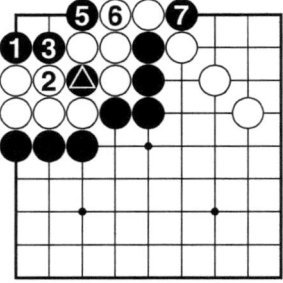

[126] Nero 1 toglie alle pietre bianche una libertà. Nero è adesso nella gara di un turno più veloce.

[127] Nero 1 è Atari e sfrutta la pietra contrassegnata. Bianco 4 copre nello stesso posto. Nero 7 cattura undici pietre.

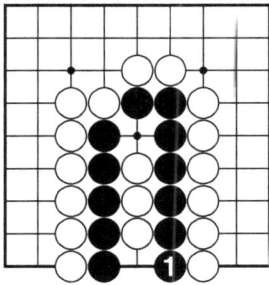

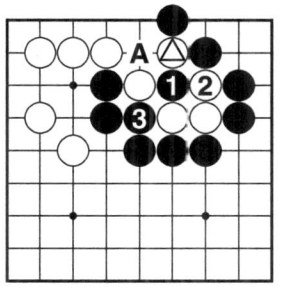

[128] Nero 1 raggiunge una vita in Seki. Il Bianco non può giocare all'interno perché se il Nero cattura, vive con i punti.

[129] Nero 1 è un'abile mossa e cattura delle pietre bianche. Bianco 2 in 3 non aiuta perché il Nero cattura poi in A.

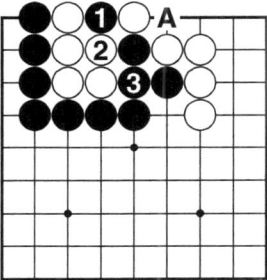

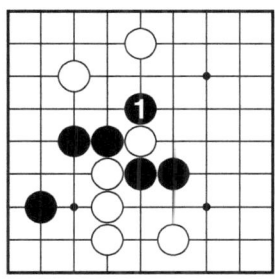

[130] Nero 1 causa una mancanza di libertà, dalla quale il Bianco non può difendersi.

[131] Nero 1 inizia una scala e connette così tutte le pietre.

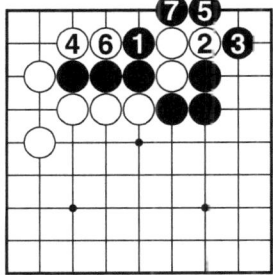

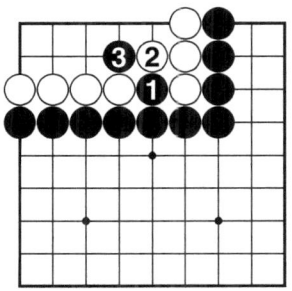

[132] Nero da 1 a 7 è la sequenza che cattura le pietre bianche.

[133] Dopo Nero 1 il Bianco non può connettere. Il territorio è distrutto.

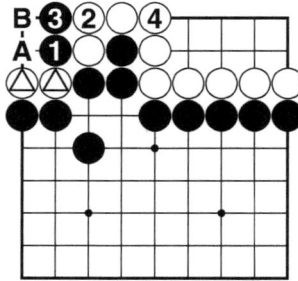

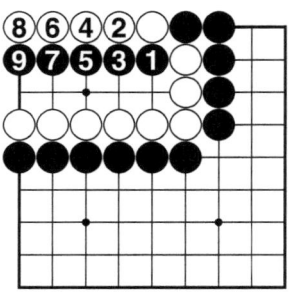

[134] Nero 1 è un doppio Atari.
Il Bianco deve cedere con 2 e 4.
il Nero cattura due pietre e vince
territorio in A e B.

[135] Nero 1 sfrutta il punto
debole e distrugge il territorio
bianco.

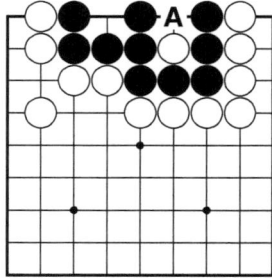

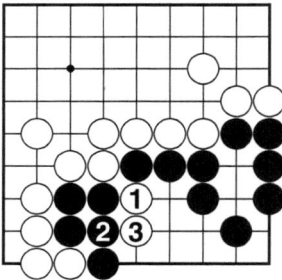

[136] Il Nero non dovrebbe
giocare in A perché perderebbe
un punto territorio. La pietra
bianca è già persa.

[137] Il Nero devo coprire, perché
altrimenti il Bianco taglia in 1 e
cattura 5 pietre. Nero 1 è quindi
necessario nell'esercizio.

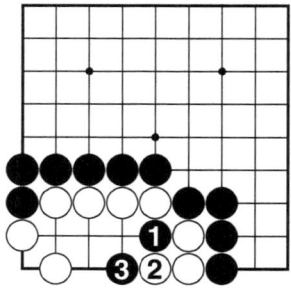

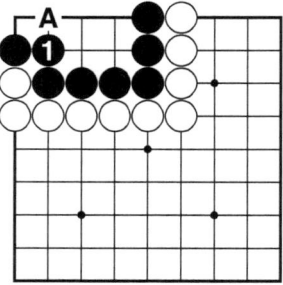

[138] Nero 1 taglia e può ridurre
il territorio catturando pietre
bianche.

[139] Nero 1 difende la minaccia
di taglio in 1. Anche A è possibile
come difesa.

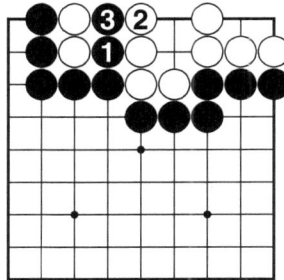

[140] Il Nero può ridurre il territorio con 1 e 3.

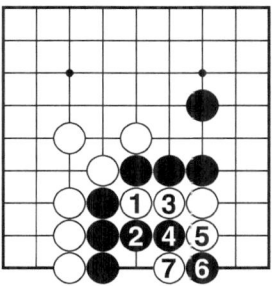

[141] Il Nero deve difendersi, altrimenti il Bianco taglierebbe come qui mostrato. Nero in 1 andrebbe bene.

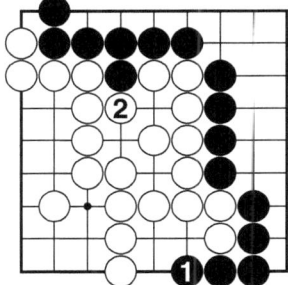

[142] Nero 1 distrugge 3 punti, mentre Bianco 2 assicura solo due punti. Nero 1 è quindi migliore.

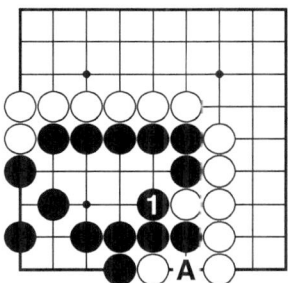

[143] Nero 1 è migliore. Nero A assicura due punti, ma poi il Bianco arriva in 1 e il Nero perde qui tre punti.

Glossario

Atari
Una pietra o un gruppo di pietre con una sola libertà. Con la mossa successiva è possibile catturare.

Ko
Posizione dove è possibile la cattura ripetuta di una singola pietra. La regola del Ko impedisce quindi di ricatturare subito in un Ko.

Semeai
Gara di due gruppi per l'uccisione.

Seki
Posizione nella quale due gruppi avversari vivono perché non possono attaccarsi. Impasse locale.

Tesuji
Una buona mossa tecnica, che rappresenta la giocata migliore in una situazione locale.

NEW BOOKS

ZWART AAN ZET
HET GO-OEFENBOEK

A NOIR DE JOUER
LE LIVRE D'EXERCICES DE GO

GUNNAR DICKFELD

BLACK TO PLAY
TRAIN THE BASICS OF GO

Volume 1 - 4

TURNO DE LAS NEGRAS
EL LIBRO DE EJERCICIOS DE GO

SCHWARZ AM ZUG
DAS GO-ÜBUNGSBUCH

TOCCA AL NERO
ESERCIZIARIO DI GO

SIYAHİN SIRASI
GO ÇALIŞMA KİTABI

30KYU-25KYU
25KYU-20KYU
20KYU-15KYU
15KYU-10KYU

AVAILABLE AS INTERACTIVE AND MULTILINGUAL BOOK AT WWW.GOBOOKS.COM